中 华 文 化 撷 萃 丛 书

U0813521

皇家帝室

HUANGJIA DISHI

——中华皇室文化撷萃

ZHONGHUA HUANGSHI WENHUA XIECUI

杨玉峰 编著

中华文化撷萃丛书

时代出版
时代出版传媒股份有限公司
安徽文艺出版社

图书在版编目(CIP)数据

皇家帝室:中华皇室文化撷萃/杨玉峰编著.—合肥:安徽文艺出版社,2014.3

(中华文化撷萃丛书)

ISBN 978-7-5396-4787-6

Ⅰ.①皇… Ⅱ.①杨… Ⅲ.①皇室-文化-中国-通俗读物 Ⅳ.①D691-49

中国版本图书馆CIP数据核字(2013)第291499号

出 版 人:朱寒冬

责任编辑:徐家庆　　装帧设计:张诚鑫

出版发行:时代出版传媒股份有限公司　www.press-mart.com

安徽文艺出版社　www.awpub.com

地　　址:合肥市翡翠路1118号　邮政编码:230071

营 销 部:(0551)63533889

印　　制:合肥华星印务有限责任公司　(0551)65714687

开本:710×1010　1/16　印张:12　字数:200千字

版次:2014年3月第1版　2014年3月第1次印刷

定价:30.00元

目录

礼仪篇

LIYI 礼仪

子曰：名不正，则言不顺；言不顺，则事不成；事不成，则礼乐不兴；礼乐不兴，则刑罚不中；刑罚不中，则民无所措手足。故君子名之必可言也，言之必可行也。”意即要明辨上下，定名分，使“君君、臣臣、父父、子子”，名实相称，让“亲亲、尊尊、长长”上下等级森严。

名正言顺

尊卑有别

中国古代的统治者对“正名”倍加重视，把它看作是“明贵贱”、“定等级”的根本目的。《左传·昭公七年》说：“天有十日，人有十等。下所以事上，上所以共神也。故王臣公，公臣大夫，大夫臣士，士臣皂，皂臣舆，舆臣隶，隶臣僚，僚臣仆，仆臣台。”在中国古代社会，人格等次的高下，决定于政治权力的级差。即所谓“礼尊贵贵，不得相逾，所以为礼也”。《礼记·曲礼下》为此对不同等级的人的名分称谓做了细致、严格的划分：君临天下

皇帝卤簿中的“杏黄云缎绣莲花伞”和“双龙团扇”

的人，称“天子”。天子在诸侯来朝时，要给他们分派职司，授予政务，并派专人掌管委任事务，而他要自称“予一人”。天子祭祖时要称“孝王某”；祭郊、社等外神时，称“嗣王某”；巡视诸侯，向鬼神致祭时，称“天王某之字”。天子去世，称“天王崩”。招魂时，称“天子复矣”。为天子发丧，称“天王登假”。灵位迎入宗庙时，要书写树立“某帝”的牌位。天子未除去丧服时，自称“予小子”，生时称其名曰“小子王某”。

天子立官 天子立官先始于后妃、夫人、世妇、嫔。天子设立官位先设六天官，称太宰、太宗、太史、太祝、太士、太卜，掌管六种典礼制度。天子设五官，称司徒、司马、司空、司士、司寇，各自掌管统领属下的官员。天子设六府，称司土、司木、司水、司草、司器、司货，掌管各自的职责。天子设六工，称土工、金工、石工、木工、兽工、草工，掌管六种器物的制作。

五官于每年年终进呈一年的功绩，称“享”。五官之首称“伯”，是主管一个方面的官员。伯辅佐天子，称“天子之吏”。与天子同姓的人任此职，天子称其为“伯父”，与天子异姓的人任此职，天子称其为“伯舅”。伯对其他诸侯则自称“天子之老”，对国外称“公”，对国内称“君”。九州诸侯之首，进入天子的畿内称“某州之牧”。与天子同姓的，天子称其“叔父”，异姓的天子称其“叔舅”。伯对国外可称“侯”，对国内可称“君”。东夷、北狄、西戎、南蛮等地的诸侯，即使有功，土地广大，爵位也只能是子爵，称“子”。他们在国内可自称“不谷”，在国外可自称为“王老”。

会盟 天子接见诸侯时，若背靠屏风面南而立，诸侯面北拜见天子，则称“觐”；若天子面南，站在屏风和门之间，诸公面向东，诸侯面向西，则称“朝”。诸侯与诸侯在约定的日期相互见面，称“遇”。诸侯约定在两国之间的空隙地方见面，称“会”。诸侯派大夫访问对方，称“聘”。诸侯间口头订立条约，称“誓”。诸侯书面订立条约，并举行杀牛歃血仪式，称“盟”。

诸侯见天子，自称“臣某侯某”；与百姓说话，自称“寡人”。在服丧期间，对宾客自称“嫡子孤”。主持祭祀时，在宗庙内自称“孝子某国侯某”。郊、社之祭，自称“曾孙某国侯某”。诸侯死，称“薨”。葬礼结束后，即位的诸侯朝见天子，称“类见”。向天子为亡父请求谥号称“类”。

天子的仪容要显得庄严肃穆。诸侯的仪容要和蔼大方。大夫的仪容应该整齐不乱。士要显得从容舒展。庶人见到君要快步回避。

女子称谓 天子配偶称“后”，诸侯配偶称“夫人”，大夫配偶称“孺人”，士配偶称“妇人”，庶人配偶称“妻”。公、侯有夫人、世妇、妻、妾。公、侯的夫人对天子自称“老妇”，对别国诸侯自称“寡小君”，对本国国君自称“小童”。世妇以下，统统自称“婢子”。

人臣之礼 诸侯国的大夫进入天子畿内，称为“某国之士”，自称为“陪臣某”。其他诸侯国的人称他为“子”，本国人称他为“寡君之老”。出使的人自称名。

天子逃亡国外，史书不用“出”字。诸侯生前史书不直称其名。君子不原谅作恶的天子和诸侯。诸侯失掉封地或残害同姓，史书直称其名。

臣子不可当众明确指责国君。如数次劝谏国君，国君仍不听从，人臣可离开国君而去。子女侍奉双亲，多次劝谏，双亲仍不听从，要跟在他们身后大声哭泣。

问龄 若将两个人相提并论，两人的德行、身份要相当。问天子的年龄，要说：“听说开始穿多长的衣服。”问国君的年龄，如果国君年长，就回答说：“能主持宗庙社稷的事情了。”若年幼，就回答说：“还不能主持宗庙社稷的事情。”有人问大夫的儿子年龄时，如果年长，就回答说：“能驾驭马车了。”如果年幼，就回答说：“还不能驭车。”有人问士的儿子年龄时，如年长，应回答说：“能主持宾客告请之事了。”若年幼，则回答说：“还不能主持宾客告请之事。”问庶人的儿子年龄时，若年长，应回答说：“能背柴了。”若年幼，则回答说：“还不能背柴。”问国君的财富，应先回答国土的面积，再列举山泽的出产。问大夫的财富，应回答有封邑，有人民供给衣食，祭器、祭服不用借。问士的财富，应回答车数。问庶人的财富，应回答牲畜的数目。

先农坛祭祀图

祭祀 天子祭天地，祭四方，祭山川，祭五祀（春祀户、夏祀灶、六月祀中雷、秋祀门、冬祀井）。每年祭一遍。诸侯祭所居之方，祭境内的山川，祭五祀。每年祭一遍。大夫祭五祀。每年祭一遍。士祭先祖。凡是祭祀，已废止的，不得再举行；已举行的，不得废止。不应祭祀而祭祀的，叫“淫祀”。淫祀，神不降福。天子祭祀用毛色纯而不杂的祭牛。诸侯用经过特别喂养三个月的牛。大夫用普通的牛。士只可用羊、猪。祭祀必须由嫡长子主持。

凡宗庙祭祀，依礼，牛称“一元大武”，猪称“刚鬣”，小猪称“腯肥”，羊称

"矛毛",鸡称"翰音",犬称"羹献",雉称"疏趾",兔称"明视",干肉称"尹祭",干鱼称"商祭",水称"清涤",酒称"清酌",黍称"芗合",粱称"芗萁",稷称"明粢",稻称"嘉疏",盐称"咸鹾",玉称"嘉玉",币称"量币"。

崩卒 天子死称"崩",诸侯死称"薨",大夫死称"卒",士死称"不禄",庶人死称"死"。死者停放在床称"尸",已在棺内称"柩"。飞鸟死称"降",四足之兽死称"渍"。死于寇难称"兵"。

去世的祖父,称"皇祖考";去世的祖母,称"皇祖妣";去世的父,称"皇考";去世的母,称"皇妣";去世的丈夫,称"皇辟"。父生时,称"父",母生时,称"母",妻生时,称"妻";父死后,称"考",母死后,称"妣",妻死后,称"嫔"。长寿而死,称"卒",短命夭折,称"不禄"。

帝后寝宫中悬挂的仕女画

议事 若国君有命,大夫和士应立即研讨。其事在各职守司所存之处,则研讨各职守司所存之事。在货币器物藏贮之处,则研讨货币器物藏贮之事。在君臣议事之处,则研讨政事的施为。在朝廷上议事,不得提及犬马。散朝时不可回顾,否则君子将视之为粗鄙无礼。朝廷上处处讲礼,问话要合乎礼,答话也要合乎礼。

君权神授

皇帝称谓 秦始皇统一中国后,自以为"德兼三皇,功包五帝",遂采上古"三皇五帝"的名号,自称"皇帝"。从此中国古代历代最高统治者均称皇帝。秦汉定制,皇帝"自称曰'朕',臣民称之曰'陛下'。其言曰'制诏',史官记事曰'上'。车马衣物器械百物曰'乘舆',所在曰'行在所',所进曰

'御'。其命令一曰'策书',二曰'制书',三曰'诏书',四曰'戒书'"。"天下之事无大小,皆决于上。"

中国古代对最高统治者的称谓还不止于此。还有"皇上"、"圣上"、"太上"、"至尊"、"主上"、"圣主"、"君父"、"县官"、"官家"、"大家"、"天家"、"天

雍正皇帝致祭先农坛图

辟"、"天皇"等一系列称谓,虽各有不同,但目的却是殊途同归,即"隆君",给皇帝的统治权威想方设法地罩上一把把精心编织的"君权神授"、"君权神圣不可侵犯"的金伞,使皇帝在万民心目中成为独一无二的合法的权威。

臣下对皇帝祝福时,要高呼"万岁,万岁,万万岁",祝皇帝万世长存,有时有人也就因此而称皇帝为"万岁"或"万岁爷"。臣下把皇帝的知识素养称作"圣学",臣下又把皇帝所施的恩惠敬称为"圣恩",如据《雍正朝汉文朱批奏折汇编》记载,雍正三年河南巡抚田文镜所上的奏章就有"仰见我皇上心周倍屋,念切民生,圣恩浩荡,诚千古史册所未有"这样的语句;一些封建王朝还把皇帝告诫臣僚或关于国家重要事务所降谕旨,甚至皇帝平时所发谕旨尊称为"圣训",以后又辑成《三朝圣训》,供臣下学习遵行。

皇族称谓 由于中国古代皇位是世袭的,于是皇族皆有尊称。皇帝的祖母被称为"太皇太后",《汉书·外戚传》:"汉兴,因秦之称,祖母称太皇太后。"或简称"太皇",《史记·申公传》:"太皇窦太后好老子言,不说儒术。"

皇帝父被尊称为"太上皇"。如秦始皇称帝后,曾追尊其父庄襄王为"太上皇"。汉高祖刘邦得天下后,曾五次回家朝见其父太公,有谋士进谏太公说这样做有损刘邦做皇帝的威仪,太公请求计谋,谋士教太公在刘邦下次朝见他时,手拿扫帚站在门口迎接,刘邦见状大惊失色,太公扶起刘邦,告诉他皇帝要以国体为重等,刘邦于是尊称其父为"太上皇"。按颜师古的解释,"太上,极尊之称也;皇,君也。天子之父,故号曰皇,不预治国故不言帝色"。此后历代皇帝传位于太子,也自称"太上皇"。

钦安殿内景

皇帝之母被尊称为“皇太后”或“国母”。《汉书·外戚传序》：“汉兴，因秦之称号，帝母称皇太后。”《南史·孝武王皇后传》：“废帝即位，尊曰皇太后，宫曰永训。”此后历代均因习不改。皇帝的正妻被尊称为“皇后”、“女君”、“女主”、“中宫”、“椒房”或“后”。“皇后”原指西周时的君主。《尚书·顾命》：“皇后凭玉几。”蔡传：“皇，大也；后，君也。言大君成王力疾亲凭玉几。”秦以后则成为皇帝正妻的尊称，简称为后。《史记·文帝本纪》说：“元年（前179）三月，有司请立皇后。薄太后曰：‘诸侯皆同姓，立太子母为皇后。’”

皇帝的妾又有贵妃、淑妃、贵嫔、德妃、贤妃、丽妃、惠妃、华妃、昭仪、婕妤、容华、美人、贵人、才人、淑媛等称号，而这些称号又往往就是她们本人名分、爵位的代名词。

皇帝的儿子，如被指定为皇位的合法继承人，则被尊称为“皇太子”、“东宫”等。其他诸子则被统称为“皇子”、“阿哥”、“殿下”等。

皇帝的女儿一般要被尊称为“公主”等。

此外，所有与皇帝有姻亲、血缘关系的人物，都会得到类似于王、公、“国舅”、“长公主”、“大长公主”、“驸马”、“国婿”等一类尊称。这些尊称所要遵循的原则，就是要在全社会形成一种“贵有常尊，贱有等威”的等级次序。

诠释“陛下” 汉代贾谊《治安策》云：“人主之尊譬如堂，群臣如陛，众庶如地。故陛九级上，廉远地，则堂高；陛无级，廉近地，则堂卑。高者难攀，卑者易陵，理势然也。故古者圣王制为等列，内有公、卿、大夫、士，外有公、侯、伯、子、男，然后有官师小吏，延及庶人，等级分明，而天子加焉，故其尊不可及也。”

贾谊认为，君臣上下等级之形成“此非天之所为，人之所设也”。以此而“令君君臣臣上下有差”。帝王之尊犹如殿堂，君臣好比台阶，而一般庶民百姓就好比地。台阶层次越多，就距离地面越远，殿堂于是越显得高伟。

反之如若没有台阶，殿堂就会靠近地面，则其势必低卑。而“高者难攀，卑者易陵，理势然也”，于是帝王“制为等列”，以“尊不可及”。这与蔡邕在《独断》中对“陛下”的解释如出一辙。蔡邕解释说：“陛下者，陛，阶也，所由升堂也。天子必有近臣，执兵陈于陛侧，以戒不虞。谓之陛下者，群臣与天子言，不敢指斥天子，故呼在陛下者而告之，因卑达尊之意也。”

诠释“君王” 汉董仲舒则通过用音训解释礼制专名，去迎合封建统治的需要。他在《春秋繁露·深察名号》篇中提出，深察名号的根本在“君”、“王”二字。如“王”，他说：“王者皇也，王者方也，王者匡也，王者黄也，王者往也。是故王意不普大而皇，则道不能正直而方；道不能正直而方，则德不能匡运周遍；德不能匡运周遍，则美不能黄；美不能黄，则四方不能往；四方不能往，则不全于王。”

在此基础上，他解释“君”时又说：“君者权也，君者温也，君者群也。是故君意不比于元，则动而失本；动而失本，则所为不立；所为不立，则不效于原；不效于原，则自委舍；自委舍，则化不行。用权于变，则失中适之宜；失中适之宜，则道不平，德不温；道不平，德不温，则众不亲安；众不亲安，则离散不群；离散不群，则不全于君。”在此，董仲舒不但把辨明名号，看作统治者建立统治的基础、治国安邦的根本，而且通过随心所欲地解释“君”、“王”二字，把封建统治权进行了神化，把“君权”、“王权”看作是“天命”的体现。“君”、“王”是代天行令，这两者的“名号”如能正，那么人就可上承“天命”，下继“地运”，安定团结。反之，则会逆天命，犯天意，国家分崩离析，人民灾难深重。如此言论不但为封建君权唱了赞歌，更把“正名节”的意义提得至高无上了。

讳莫如深

避讳，是中国古代特有的一种文化现象，它规定臣下对当代君主以及所尊者不得直称其名，而要用其他方法代称。因此，“讳”，就是指那个不得直称的名字。

源起 避讳起源于周。《左传》记载鲁桓公姬轨给太子命名，向大臣申𦈡征询意见，从申𦈡的答话中可以看出，西周虽然有避讳，但还没有完备的避讳制度。周厉王名“胡”，周厘王又名“胡齐”；周穆王名“满”，周襄王时代的王室子孙又有叫“王孙满”者。可见到东周时，避讳制仍不完备。秦汉时代，随着大一统政局的形成和巩固，儒家学说在上层建筑领域中逐渐占统治地位，避讳制才日趋完备。时至唐宋，讳制极盛，避讳的禁令逐渐严格。

至清代，尤其雍、乾之世，讳禁之严，可谓登峰造极。

避讳是中国古代社会的特产，是“尊祖敬宗”观念的体现。统治者利用国家权力强迫命令臣民为他们避讳，称为“国讳”。

改称 避讳最常见的方式是改字。如秦始皇嬴政之父名子楚，《史记·秦始皇本纪》中多有称“楚”为“荆”的地方，《正义》、《索隐》的注释，都称因避庄襄王讳而改“楚”为“荆”。又如二十四节气中的“惊蛰”，在《左传·桓公五年》中作“启蛰”，到了汉代，为了避汉景帝刘启的讳，从刘安写的《淮南子》开始改称为“惊蛰”。此外，有时还采用空字的方式，即空其字而不书，或作空围，或曰“某”，或直接写“讳”字。自唐代起，又出现用缺笔法表示避讳的例证，如唐代有不少石碑就为了避唐太宗李世民名讳，而将“世”字写作“卅”字。

避讳对封建社会的称谓关系也有重大影响。秦始皇统一天下后，经过朝廷大臣和博士们议论，决定用“皇帝”作为最高统治者的称号。从此直至辛亥革命推翻清王朝，“皇帝”这个称号成为中国两千年来最高统治者的专有称号，其他任何人不得僭称。

“皇”字在商周时期的金文和文献中，都用作形容词。《尚书·吕刑》篇中出现过“皇帝”一词，但与《诗经》中的“皇矣上帝”是一个意思，都是指天神。战国时期，大量的经济、政治地位都很脆弱的自耕农的出现，使他们幻想能出现一个救世主式的至上神，从上面代表和保护他们，于是三皇五帝就出现了。传说的三皇五帝都是宗教迷信的产物，小农经济、政治地位和宗教迷信观念，是导致他们出现的温床和土壤。皇帝这个最高统治者被神化了，神权与君权融合为一体。为了突出和神化皇帝，在与皇帝有关的称呼上也发生了一系列的禁忌、避讳。

朕，在秦以前本来是一个普通的第一人称代词“我”，秦始皇以后，只有皇帝才能自称“朕”，其他人都禁止使用。臣民称皇帝应叫“圣上”、“皇上”、“陛下”。史官记事称皇帝为“上”，取其高高在上，君临臣民之意。皇帝说的话也有专用名词，叫“制”或“诏”，都具有法律的权威，通俗的说法也有专称，叫“圣旨”或“金口玉言”。

皇帝所用之物称“御”，所用之印叫“玺”，所到之处叫“幸”。皇帝的住所专称“宫殿”后，其他人的住所就不能再用此代称。皇帝的坟墓专称“陵”，他人的坟墓不能僭称。

皇帝的姓名不能叫，不能说，甚至也不能写。凡有遇到者，必须改易，否则就是“大逆不道”，就要杀头灭族。因此历代有因避讳而改姓、改名字，甚至改地名、官名、物名者。据《通志·氏族略》记载，庄氏避汉明帝讳，改为严氏；师氏避晋景帝讳，改为帅氏；姬氏避唐明皇讳，改为周氏。如此等等，不一而足。而据钱大昕《十驾斋养新录》卷一“避讳改郡县名”条可知，历代因避讳而改地名者有一百九十四例之多。

颐和园鸟瞰

因避讳而改姓名，说明皇帝所代表的最高政治权力的影响已远远超越了宗法权力。而地名、物名等因避讳而改动，说明皇权能够压倒极悠久的传统文化。因避讳而改官名，又体现出现世皇权对于过世政治权力影响的绝对优势。因避讳而更动经传文字，则更告诉人们圣贤崇拜最终仍不得不服从于皇权崇拜。

尊君肃臣

朝仪之始

出身低微的汉高祖刘邦做了皇帝后，受不了诸多朝规礼仪的约束，宣布废除秦朝各种朝仪。那些同他从前一起浴血奋战的开国元勋们，也多是既没读过多少书，又不懂上层社会礼法的屠狗、织苇之徒。他们常常居功自傲，乐得随意行事，少有约束。这样一来，每当朝会、庆贺之时，君臣们都个个开怀畅饮，人人大说大笑。更有甚者，喝醉之后，还大呼小叫地随便喊刘邦的名字，甚至拔剑击柱，整个朝堂之内一片混乱，全然没有一点规矩。

天长日久，刘邦对此甚为不满，却又无计可施。善于察言观色的儒臣叔孙通看到这种情景后，就自告奋勇地请求为刘氏王朝制定一套简便易行

外蓝地粉彩镂空转心瓶

的朝仪，教习群臣。

汉高祖七年，长乐宫落成，这套仪式首次正式推出。天未黎明，庭中已经将车马、卫士排列停当，刀枪闪亮，彩旗飘舞。礼官引导君臣依次进入宫内。文东武西，分列两旁。殿前司仪层层传报，高祖乘辇升殿，侍臣连声传警，群臣逐班觐见。慑于这种威严庄重的气氛，人人震恐，个个肃敬。礼毕赐宴，君臣按官位高低依次捧杯上寿，然后归席。酒斟九遍，司仪传言："罢酒。"其间也有对新规矩不够熟悉的，小有差错，便被监察御史带走。宴会自始至终，没有人敢说笑喧哗，举措失仪。面对这次沉闷无味、循规蹈矩的宴会，汉高祖却踌躇满志地宣称："我今天才知道做皇帝的尊贵了！"并立即任命叔孙通为太常，还赐金五百斤。

在叔孙通的导演下，刘邦由朝仪中严明的等级秩序，体会到了皇权的尊贵，也使封建礼制对"朝仪"的本质要求得到了充分的体现。《礼记·曲礼下》、《诗经·周颂·雍》所描述的中国古代理想政治秩序下的君臣关系，及公众场合下的君臣礼仪是：君要仪貌"端重威严"，臣要行止"谦和虔敬"，只有这样，才能形成"贵有常尊，贱有等威"的等级次序，从而达到"礼尊贵贵，不得相逾，所以为礼也"的理想境界，进而使人们从各种礼仪中形象地感觉到，贵贱尊卑的等级差别出于天帝的安排。"揖让周旋"、"仪容动作"，都是让人们在进退、登降、坐兴、俯仰上遵守等级差别，起着使等级身份凛然不可侵犯的作用。作为朝仪的"礼仪"，更可以说是历代统治者将具体礼仪提炼成为一种礼典，从而形成的一种君臣之间庄严肃穆、令人敬畏的场面。

朝仪演化

人类处在原始群的时候，虽无尊卑贵贱之分，但人与人之间已有了一定的感情意向，见面后本能地四肢着地，用一些象征性动作来表示他们的意向，一来变换一下体位可以休息，二来体现出互相间的敬意。久而久之，见面四肢伏地的动作就成为社会生活的一种习惯，并常常被用作巩固社会组织和加强部落之间联系的手段。进入阶级社会以后，统治阶级对这种前肢着地，后肢弯曲的习惯加以改变和发展，逐渐形成正规的“礼”。随着社会等级制度日益森严，各种礼仪也日益繁杂化、规范化、经典化，作为体现君臣关系的“朝仪”，到西周时基本趋于完备。

颐和园长廊

朝会分类

周代的朝会分四类。

外朝　由秋官朝士负责主持仪式，处理诉讼判罪之类的刑事案件。这一仪式一般在朝堂举行，为了表达惩恶扬善、公正清明的态度和尽力使下情上达的愿望，特在朝堂左右两边分设“嘉石”和“肺石”各一块。“嘉石”洁白平整，用来劝人为善；“肺石”赤色像肺，以此来表达官吏办事要赤胆忠心，公正廉明。左设九荆，右设九棘，正面设三棵槐树，公卿士大夫等各级官吏，以及公、侯、伯、子、男各级贵族都各有不同的位次。

中朝　由夏官司士负责主持仪式，是周天子会见群臣的仪式。一般在天子负责处理政事的正殿大门前进行。届时各级官吏要各按尊卑高低贵贱的等次，从不同的方位进入正殿院内。然后周王对孤、卿一一行揖礼，请他们就位；对大夫们按爵位的高低分别行揖礼；其后向所有的士行三揖礼，所有的人都各就各位。然后，周王面向南而坐。三公面向北，从东面拜见周王。孤面向东，从北面拜见周王。卿大夫们面向西，从北面拜见周王。王族、故士、武士们站在路门的右边，面向南，从东面拜见周王。太仆、太右以及太仆的随从们站在门的左边，面向南，从西面拜见周王。

内朝　也叫作“寝朝”，一般在王宫正殿举行。天子在“中朝”与群臣见过面行完礼后，就退入“内朝”处理各种奏报、政事。

询事之朝　小司寇负责主持仪式。这一仪式一般在王宫大门外的广场上举行。这种朝会往往只在国家遇到了外敌入侵、强盗横行或迁徙国都、国君无嫡亲即位、选立新君等特殊大事才举行，以便征询各方面的意见。届时，国王面向南，三公及州长、百姓面向北，群臣面向西，小吏们面向东站立。小司寇按次序询问各方人士的意见，以便同心协力共谋大计。

天下诸侯还要定期觐见周天子。诸侯朝觐天子时，要各依品级的不同行不同的礼仪。春秋战国时，各诸侯国对朝仪各有增损因革。此后有人把臣觐见君称作“朝”，把君会见臣称作“会”，把各诸侯国的诸侯或他们的代表相见并订立盟约，称作“会盟”或“盟会”。也有人把君臣相见统称为“朝”，把相见后举行的宴会称为“会”。但无论是何种“朝”、“会”，一般都要举行一定的仪式，而这些仪式通常就称作“朝仪”。

常朝礼仪

“常朝”释义

雍和宫鸟瞰

常朝朝仪是指中国古代帝王平时召见臣僚，听取汇报、请示，处理各项政务时举行的朝仪。中国古代的常朝因皇帝登朝时间的不同，而有早朝、午朝、晚朝的不同；因觐见人员身份的不同，而有皇太子朝、诸王朝、诸司朝觐、藩属来朝等的区别。朝见次数也因皇帝或事务繁简的情况而不同。如有的皇帝几乎要天天登朝临殿，有的皇帝则根据事务繁忙与否来决定举行常朝的日期，也有的规定每月初一、十五为常朝日，或每月逢五为常朝日。更有的皇帝则为了便于自己的玩乐而长期不临朝，只是指派一些心腹重臣代为处理军国政务。

常朝因有例行公事之意，因此礼仪相对都比较简单。仪仗、护卫的陈设都较为实用，参见官员都身穿朝服按时、按班、各就各位。皇帝出宫时，乐队奏乐。皇帝御殿，升座，乐队停止奏乐。文武各官行一拜礼参见皇帝，有关官员按部出班奏事。皇帝听取各官及宰辅汇报和意见后，或当场裁决，命有关部门和官员具体执行办理，或交予某部门或某几个部门就某事提出建议或处理意见。

如皇帝认为某部门或某几个部门提出的建议切实可行，在征求了其他有关官员的意见后，就命令有关部门和官员去执行。反之，如皇帝对有关部门和官员提出的意见不满意，或某些官员另有异议，则或交有关部门再议，或由皇帝裁定。

各部门、各官员都要把皇帝交办的各种重大事务的办理结果向皇帝汇报，最后由皇帝论定曲直、优劣，给予评价。总之，在中国古代社会，封建皇帝处于至高无上、君临天下的特殊地位，对各种有关军国大事都享有最终的决断、处置权。如皇帝较为开明，且能励精图治，就会兼听各方面的意见，尽量把各种军政事务处置得更加公允、合理。

隋唐以前每遇军政大事，一些较为开明的君主，就会交给各主要部门的重要官员，通过“廷议”共同商讨决定。如皇帝刚愎自用，则往往独断专行，完全根据个人的好恶感情来处置政事，很少听取有关官员的意见。更有些皇帝昏庸、骄淫，只顾自己享乐，很少举行常朝处理有关军政大事，只是把政务委托给朝廷有关重臣或身边的宦官、宗室、外戚处置，自己则安享太平天子之福。

班序位次

在常朝朝仪中，最重要的是要把君贵臣贱、君重臣轻以及“礼贵尊卑”的等级秩序显示出来。为此，朝仪中的班序、位次就显得至关重要。因而中国古代历朝历代在订立朝仪时，都非常强调官员上朝时的班序问题。

爵次定班 在文武官员不分职设班时，朝仪班序一般按爵次的高低分别：爵秩尊崇者在前，爵秩低微者在后；职务重要者在前，职务较轻者在后。如有人对此胆敢非议，就要按藐视皇帝论处。如西汉时的汲黯为官清廉、忠直，但因多次犯颜直谏，虽然政绩显著，也不能得到汉武帝的青睐，长期没有受到提拔，以至于许多过去在他手下担任“掾”、“属”等一类职位的小官吏擢升的比他位高爵尊，这些人上朝时往往站在他前面，而他却只能尾随在这些人之后。汲黯感到非常难堪，因此在汉武帝面前发出了“陛下用群臣如积薪尔，后来居上”的怨言，结果险遭不测。

文东武西 秦以后，文武官员分职设班，文武官员上朝时一般按文东武西站班。在此有几点需要指明的是：

乾清宫

第一，并非每次常朝都是文武百官全部上朝，而往往有一定的品秩或职能限制。如唐代规定：所有的文武官员，凡职事在九品以上的，要在每月的初一、十五上朝参见皇帝。而五品以上有专门职掌的文武官员，如监察御史、员外郎、太常博士等每天都要上朝参拜皇上。

有专门职掌的五品以上的文武官员，每月初五、十一、二十一、二十五要专门参拜皇上，参议某些军政大事；而三品以上的官员，每月初九、十五、二十九还需要再次参拜皇上奏报公务，参议决策重大的军政要事。与此相对应，五品以上，但无专门职任的散官，及各部门的值班官员各随职能事务参见，并不一定按例参拜。而文官充任翰林学士、皇太子侍读、诸王侍读者，或武官担任禁军职事官的人也可以不按规定参拜皇上。凡遇天下大雨，道路泥泞不堪行走时，文武官员可免于参拜；凡家有丧事的文武官员也可免参。

第二，参拜时，并非所有的文武官员都要按文东武西排班。如中国古代历朝行朝仪时都要设监察御史等官员纠检参加朝会的官员的仪容、行为，设镇殿将军等武官率禁军负责安全保卫。这些官员理所当然地不入班就序。而唐宋时的中书、门下官员与文班供奉官，都要各按自身的职次品级在横班排序。殿中省官的监、少监及尚衣、尚舍、尚辇、奉御等禁省中的事务性官员要各随伞、扇等仪仗分左右排列在正殿之上、皇帝的宝座两侧。

武班供奉官员一般从便殿门前顺次排列到正殿门外北边的台阶下。他们由北向南的排列顺序是：千牛连成一行站立，其次是千牛郎将，其次是千牛将军一人，其次是过状中郎将一人，其次是接状中郎将一人，其次是押柱中郎将一人，其次又是一位押柱中郎将，其次是排阶中郎将一人，最后是押散手中郎将一人。两位金吾左右大将军则进入正殿，分左右站在御座左右的两个夹阶上。从南向北的次序是：千牛将军一人，其次是千牛郎将一人，其次又是千牛将军一人，其次是一行千牛。立柱之外，先是过状中郎将一人，其次是接状中郎将一人，其次是押柱中郎将一人，其次又是一位押柱中郎将，其次是排阶中郎将一人，其次是排散手中郎将一人，而所有的金吾将军都分左右站立。

第三，并非所有的常朝朝仪都在朝廷正殿举行，有时也在便殿举行。如唐宋时，每月的初一、十五日，因皇帝要致祭先帝陵寝，不能临正殿接见群臣，往往在一个便殿中接参朝臣。

养心殿

第四，有些朝代对官员的上朝服饰还有明确规定。

唐宋朝仪

唐宋官员上朝时，除职事官和供奉官外，文武官员一般在正殿的庭院中站班。如唐代官员一般在含元殿前龙尾道下或通乾观象门外序班。如在含元殿前龙尾道下叙班则文东武西，若在通乾观象门外序班则文班在前、武班在后。

文班　文班每班以尚书省官为首，各班班序依次为：

一品班：太师、太傅、太保、宰相、御史大夫、太尉、太子太师、太子太傅、太子太保、嗣郡王、世袭郡王、散官仪同三司、爵开国公。

二品班：尚书左右仆射、太子少师、太子少傅、太子少保、京兆尹、河南牧、大都督、大都护、散官特进、光禄大夫、爵开国郡公、开国县公及勋官中的上柱国、柱国。

三品班：六司尚书、太子宾客、九寺卿、国子祭酒、二监京兆、七府尹、盾事、亲王太傅、中都督、上都护、下都护、下都督、上班刺史、五大都督府长史、上都督府之下都护、散官金紫光禄大夫、开国侯及勋官中的上护军、护军。

四品班：尚书左右丞、六部侍郎、太常少卿、宗正少卿、左右庶子、秘书正监、左右七寺少卿、国子司业、少府、京兆少尹、河南少尹、太原少尹、少詹事、左右谕德、家令、率更令、率更仆、亲王府长史、亲王府司马、凤翔少府、中州刺史、下州刺史、大都督司马、大都护司马、散官正义大夫、通议大夫、太中大夫、中大夫、有开国伯爵位者及勋官中的上轻车都尉、轻车都尉。

五品班：六部尚书郎中、国子监博士、都水司使者、万年等六个京兆尹所管辖的上等县的县令、太常秘书丞、宗正秘书丞、著作郎、殿中中丞、尚食、尚药、尚舍、尚辇、奉御、大理正、左右赞善、中书舍人、洗马、散官中的中散大夫、朝请大夫、朝散大夫与有开国子、开国男爵位者及勋宫中的上骑都尉。

武班　武班五品班的班序依次是：

一品班：郡王、散官中的骠骑大将军及有国公爵位者。

二品班：散官中的辅国大将军、镇国大将军与有开国郡公、开国县公爵位者及勋官中的上柱国、柱国。

三品班：左右卫大将军、左右金吾卫大将军、左右骁卫大将军、左右武卫大将军、左右威卫大将军、左右领军卫大将军、左右监门卫大将军、各卫将军与散宫中的冠军大将军、云麾将军、有开国侯爵位者及勋宫中的上护军。

养心殿西暖阁

四品班：左右监门卫中郎将、太子右卫、太子左右卫司率、清道内率、监门副率、太子亲勋翊中郎将、上府折冲都尉、中府折冲都尉、散宫中的忠武将军、壮武将军、宣威将军、明威将军与有开国伯爵位者及勋宫中的上轻车都尉、轻车都尉。

五品班：亲勋翊卫郎将军、亲王府典军、亲王府副典军、下府折冲都尉、上府果毅都尉、散官中的定远将军、宁远将军、游骑将军、游击将军与有开国子、男爵位者及勋官中的骑都尉。

每次上朝时每班七人以上一行，不能按时上朝者要预先上奏请假。五品以下的低级官员上朝时，一般要按官阶等级高低依次站立在正殿南面的台阶下。此外，检校官、兼官及摄官、试官、知官一般要站在同等职位的正官之后。

朝省集仪

历代封建王朝处理国家政务时并不仅仅通过常朝这一形式进行，而往往是多种形式同时并行。如有时由皇帝下诏由若干部门的官员就某事或某些事联合办公，这时皇帝本人并不一定亲自到会，而是指定某位或某几位特定的官员主持议事，议事完毕后各位官员要在形成决议的奏议上签字，有不同意见者可不签，然后由特定的官员奏报皇帝，听候最终裁决。

宋初，凡遇有需要召集几个部门以上的官员开会商议的行政、典礼事务时，由皇帝下诏都省，都省省吏再通知应到会的所有官员，齐集都堂共同商议。都堂一般设有参加会议的各位官员的位置：左右丞在都堂东北方向，面向南设座；御史中丞在都堂的西北方向，面向南设座；尚书、侍郎在都堂东厢，面向西设座；两省侍郎、常侍、给事、谏官、舍人在都堂西厢，面向东设座；知名表郎官在都堂东南面，面向北设座。而在左右丞之后为左右司郎中、左右司员外设座；在御史中丞后面为三院御史设座；在尚书、侍郎之后为尚书省郎中、员外设座；在谏官舍人之后为起居郎、司谏、正言设座。

兢兢业业玺

若尚书仆射、御史大夫参加会议，要为他们在尚书左右丞前面设座。如果其他官员参加会议，六部三品以上的官员要为其在侍郎南面设座，东宫一品官应在尚书前面设座，武班二品官应为其在谏官舍人的南面设座。

开会时，职位低的官员要先就座，当左右丞到会就座时，都省小吏高声喧喝让所有的官员各就各位，知名表郎官把所有需要商议的事情的文件交给有关的官员，然后再进呈给尚书左右丞，左右丞读完后交给御史中丞，中丞读完后传给尚书、侍郎，依次类推，让所有的官员依次传看一遍，最后还给知名表郎官。商议完毕，左右丞捧笔叩头向群官行揖礼，在有关决议上签字，并把决议顺次交给其他官员签字。在其他官员签字前，监察御史要命令都省小吏高声宣布：意见不同者请不要签字。

内廷奏事

有时皇帝并不亲自接见官员，只是在内廷对有关官员汇报公务的奏议加以批阅，并发还本人。清代的所谓“内廷奏事制度”就是如此。清代凡皇帝不举行常朝朝仪会见官员时，各部院官员把需上奏报的事情写成奏折，然后由专门的奏事官把奏折送交给奏事太监，再由皇帝在内廷批阅，并下达指示。

每日子时，六部及都察院、理藩院等衙门派笔帖式把奏折送到东华门外，待门开后，随同奏事官进入大门内，走到景运门内的九卿房后，笔帖式把装有奏折的折匣及本衙门的印片交给奏事官，而奏事官则把这些都一一登记在册，以备检查核对。丑时之前，乾清门开后，奏事官把奏折匣集中起来带到里面的奏事处，交给奏事太监，再由奏事太监递呈皇帝。

养心殿东暖阁

与此同时，各部、院上奏折的官员都要赶往乾清门外，等待皇帝的批复。皇帝把奏折批阅完后，奏事太监把写有皇帝批语的奏折还给奏事官，奏事官捧着折子走出乾清门，高呼“接事”，在此等候的所有官员马上集中起来听候批文内容。皇帝的批示一般有“依议”、“知道了”、“另有旨”等几大类。奏事官首先要分辨清楚每一个折匣的批示内容，然后在发还奏折时，口传谕旨说“依议”、“知道了”、“另有旨”等，不得有误。各部、院官员接到经皇上批示的奏折后，都要依旨行事。

诸王朝见

诸王朝见礼仪是指被分封为亲王、郡王，而且有封地，并到封地居住的各位王进京朝见皇帝的礼仪。秦汉以前周天子一般规定诸王六年五服一朝。秦代为防止重蹈周王朝分崩离析的覆辙，不分封诸侯。楚汉战争时，先是项羽分封三秦王等，接着是刘邦分封异姓诸侯王，直至汉初刘邦铲除异姓诸侯王，由于战事频仍，几乎没有定出什么像样的朝觐礼仪制度。不久又有“文景削藩”、“七国之乱”和汉武帝下令各诸侯王不得离开国都就封地，只能“衣食租税”，即从封地收租纳税，直到曹魏下令藩王不得进京觐见为止，诸王朝觐礼仪也没有能很好地实行。

西晋泰始年间规定：凡是在国都之外居住的王公可以轮番进京朝觐皇帝，但朝觐礼仪也很不完备。唐宋辽金元时代，被分封的藩王一般都不到封地，因而也谈不上进京朝觐。一般是他们在京按品爵、职事参加常朝朝会和大朝朝会。

明朝朱元璋当了皇帝后，对宗室、功臣大加分封，并模仿先秦礼制规定，要求所有的受分封王公都要到藩国上任，并不得随时入朝觐见皇帝。如果是奉诏或按制朝觐受到赏赉都十分丰厚，因此朝觐礼仪也相对地较为完备。

明朝初年规定：凡是诸侯王来朝见皇帝，礼部就要预先为皇帝在奉天殿设立御座，而各位觐见的王都要按辈分、年龄的大小依次在奉天门外的东耳房站立等待。击鼓三通后，百官要依次站班序位，而引礼官则率领身穿衮冕礼服的各位王爷从东门进入奉天殿，再从东陛上殿，走到指定的位置站立。王府的随从官员都站立在丹陛上为他们规定的位置。

文泰殿内景

皇帝升坐御座，乐队奏乐，诸王与随从官员行拜见皇帝礼后，内赞导官把要觐见的各王分别带到皇帝御席龙案前，乐队停止奏乐。王爷下跪，随从王府官员也全部下跪，王致词说：“第几子某王某，兹遇某时入觐，钦诣父皇陛下朝拜。”然后俯伏行大礼。

礼毕，王由东门走出奉天殿，乐队奏乐，王一直走到站班位置上行礼，乐队停止奏乐。随从官员都向皇帝行四拜礼，然后随王拜别皇帝。待乐队再次奏乐时，觐见的王备驾，其余的官员都依次散朝回府。

洪武二十八年又规定：凡诸王在大朝时觐见，要对皇帝行八拜礼。常朝时觐见行一拜礼。如果朝见的王是皇帝的伯父、叔父或兄长，那么在朝会时要行君臣礼仪，而在便殿另行家人相见礼仪。行家礼时，皇帝的伯父、叔父、兄长都要面向西就座，接受天子对自己行的四拜礼。

行礼后，天子要居中面向南就座，以此来显示对儒家亲亲之义的尊敬和君臣相处不失君臣之仪的礼制规范。凡外戚朝见天子，皇后父母朝见皇帝都要行君臣礼仪，只是皇后见父母时要行家人相见礼仪。皇太子见皇后父母时，皇后父母要面向西站立，皇太子面向东站立对外祖父、外祖母行四拜礼，皇后父母站着接受皇太子的两拜礼，然后再答以两拜礼。

朝觐礼仪

地方官员朝觐皇帝的时间历代规定各不相同。有的王朝规定地方主官每年都要进京朝觐皇帝，有的规定三年或五年一次，但更多的是朝廷对地方官员朝觐皇帝的时间并无特别的规定。多数是由地方的省、郡、府、州、道、县官吏上奏折请求进京朝觐，如皇帝认为有必要让某些官吏或某个官吏在何时进京朝觐，就特下诏令，命令他们届时进京见驾。各朝各代地方官朝觐皇帝的礼仪也各不相同，其中以明朝的朝觐礼仪最完备、最有典型性和代表性。

神武门雪景

明朝地方官一般三年入京朝觐一次，每年从十二月十六日起为地方官朝觐日，负责接待引见的鸿胪寺官员要依次引见各位官员。从二十五日以后，每天负责某一方面事务的五品以上的官员随常参官一起进入奉天门行礼参见皇上。府、州、县官及各部门的首领官吏、士官都要在午门外行礼。

元旦大朝会以后，五品以上的地方官在奉天殿前站班序位，知府以下的官吏在奉天门金水桥南站班序位，同常朝官一样行常朝礼仪。天顺三年时规定，各地方的封疆大吏入朝觐见皇帝时，站班序位时要比同级的京官降一等。

万历以后，地方官朝觐皇帝的礼仪有所变更，朝廷规定：南京府尹、行太仆寺苑门寺卿、布政使司、按察使司的官员都要在十二月十六日见驾，并在外班行礼，届时由鸿胪寺官员依次从右掖门带到皇帝御前进行引见。盐运司及知府以下的官吏及浙江、江西两省的官员十七日入朝朝见，山西、山东的官员十八日入朝见驾，河南、陕西的官员十九日入朝朝觐，湖广、南直隶的官员二十日入朝参见，福建、四川的官吏二十一日入朝见驾，云南、贵州的官员二十三日入朝面圣，北直隶的官员二十四日入朝朝觐。届时，各位官员都要像南京府尹一样，先在外班行礼拜见皇上，然后再由鸿胪寺官员依次从右掖门领到御前进行引见。

如遇元旦朝贺时，各部门官员都要到奉天殿前庆贺行礼。凡是朝觐官员谢恩告辞时都要身穿公服，元旦朝贺时穿朝服，但不得穿朱履，遇到常朝时，都要身穿锦绣华服。如某些官员在规定觐见的时间去朝觐，却遇到皇帝没上朝，那么就要等待皇帝上朝时另行约定时间朝觐。

策士仪

策士仪是专指清代由皇帝对贡士进行考试附所举行的仪式，始于清顺治十五年(1658)。清代策士礼仪的主要内容是：考试前，有关部门在太和殿内摆设好黄案，太和殿的东西阁阁檐下摆好考试桌案。考试这一天，内阁官员身穿朝服把考试题放到太和殿内摆设的黄案上，皇帝亲临太和殿并在黄案后就座，王公、百官按班站立，鸿胪寺官员引领参加考试的贡生们来到丹陛下站立。

大学士取出试题交给礼部官员，王公、百官和参加考试的贡生都向皇帝行三跪九叩礼，行礼毕，皇帝回宫。礼部官员分发试题，所有的应试者都跪着接过试题，行三叩礼，然后入座答题。

考试结束后，将试卷密封送交阅卷。阅卷一般进行三天，阅完后把前十名的试卷密封起来送呈皇帝御览。皇帝驾临养心殿西暖阁，亲自阅卷，阅完后，又亲自圈定等次。此后，内阁官员把前十名领到乾清门，引见给皇帝，皇帝亲自观察了他们的形容相貌后，根据成绩，亲自确定一甲三人，二

孔府仪门

甲七人，其余的贡士为三甲，事毕，皇帝起驾回便殿。接着内阁官员就向考中者和王公、百官公布考试结果。

届时，在太和殿陈设各项仪仗、卤簿，并奏乐，王公、百官就列序班，所有的贡士身穿公服，站在班列之末。皇帝御驾亲临太和殿，乐队奏乐，鸿胪寺官员领着贡士们来到指定的位置，跪着听宣诏官宣布结果，皇帝的诏书一般都说："某年月日，策试天下贡士，第一甲赐进士及第，第二甲赐进士出身，第三甲赐同进士出身。"宣"一甲一名某人"，被宣的人出班跪拜谢恩，二、三名也如此。二、三甲贡士不单独出班，只在班内行三跪九叩礼谢主隆恩。接着，礼部官员举着金榜，各位进士随行，到龙亭时行三叩礼，最后把金榜张贴在东长安门外。三天后收缴内阁。此后，顺天府准备好伞盖、仪仗、从人送状元回归府第。五天之后，状元要和其他所有进士再上表谢恩。

雍正读书像

进书仪

进书仪是指向皇帝进呈书籍时举行的礼仪。

历代皇帝或出于政治目的，或出于个人爱好，或为了附庸风雅，或为了自己与皇子、皇孙等皇室宗亲阅读方便，往往要下令编纂或亲自组织编修一些具有重要政治意义或文献价值的资料汇编或著作，如《国史》、《太平御览》、《永乐大典》、《四库全书》，等等。每当一部书籍编纂完成后，负责撰修的官员都要进呈皇帝"御览"。

进呈书籍时的礼仪根据书籍的政治意义的大小常各有不同。清代规定：在《实录》、《圣训》纂修完毕后，择吉日进呈，届时皇帝御殿受书，王公、百官上表庆贺，而玉牒、本纪进呈时的礼仪就要较之略逊一筹了。具体来说，进呈《实录》的礼仪是：先期由有关部门在太和殿中摆设好表案，在台阶下摆设好放实录的书案。届时陈设好仪仗、乐器。监修官把要进呈给皇帝的表放到专门的表亭中，纂修官把《实录》放到特制的彩亭中。王公、百官像参加常朝一样站班行礼。然后有关人员把表亭、彩亭分别送到太和殿，并分别陈列到预先摆设好的表案、实录案上。皇帝御殿，乐队奏乐，鸿胪寺官员奏进《实录》。然后皇帝起驾到保和殿，各位监修官、纂修官向皇帝进表，并行三跪九叩大礼，皇帝赐茶。然后皇帝还宫。进其他书籍时，一般不上表、不传制。监修官、纂修官把要进献的书籍放到彩亭中，送到中和殿，皇帝立即阅览。经皇帝认可后，就可以送到特定的地方保存。

万国来朝图

综上所述，常朝朝仪形式多样，内容各具特色但它们都遵循了尊君肃臣这一基本精神，极力夸张皇帝的至高无上、皇权的无所不能和封建等级的森严无比。

大朝礼仪

大朝，也称大朝会，顾名思义，是指比常朝规模更盛大的朝会。中国古代的帝王们大多都要在元旦、冬至及大庆之日举行大朝会。

元旦是一年之始，辞旧迎新，对过去的一年中取得的各项成绩加以庆贺、总结，对新的即将开始的一年给以预祝，以求吉祥如意。所以历代统治者都认为这是一个值得庆贺的节日，届时皇帝要与文武百官及地方朝集使、藩属、各国使者或君长欢聚一堂，共贺佳节。在如此盛大的场合中，尊

乾隆帝岁朝图

卑贵贱之分更是值得重视的，因此朝仪就显得更加重要了。

中国古代社会，又由于人们受五行相克、阴阳交替观念的影响极为深刻，所以每当一个旧的王朝灭亡，新王朝建立后，统治者为了表示自己统治天下是“受命于天”，名正言顺的，都要“改正朔，易服色”。也就是重新确定自己的纪年方法，特别是一年的第一天应始于何时。

如夏代历法建寅，以孟春之月为岁首；商代建丑，以季冬之月为正月；周代建子，以仲冬之月为岁首；秦代建亥，以孟冬之月为岁首。由于屡次改历，常使百姓和地方官员不知“天日”。为此，有的封建王朝特在元旦之日“颁正朔”。所谓的“颁正朔”就是每年元月元日群臣汇聚齐全后，负责主管天文历法的官员向皇帝进献历法，然后皇帝命令读历官读历。读历官大声宣告今年今月今日为元旦，然后皇帝下诏书，将历法颁布于全国，让全体吏民百姓一体遵循“天历”过“日子”。

大朝朝仪中规模最宏大的莫过于盛大的庆贺、宴会场面。冬至是一年中白昼最短的一天，但也就是从这一天起，白天开始逐渐加长，一阳初生，万物潜动。所以历代统治者都认为这一天是“阳气始，君道长”，值得庆贺。此外如遇甘露降生、凤凰朝集或开疆拓土、四夷朝贺或宝鼎出现等喜庆之事，统治者也要举行大朝会进行庆贺。

元旦朝会

据蔡质《汉仪》、蔡邕《独断》及司马迁《史记》记载，从汉代起元旦大朝会就开始成为通例。元旦黎明之际，夜漏未尽之时，公卿、大夫、属郡计吏、

紫禁城前朝三大殿鸟瞰

蛮夷胡羌、宗室成员万人以上已经个个鲜衣华服，聚会在德阳殿前。在庭燎的大火照耀下，御史执法殿中，虎贲、羽林各拿弓矢、剑戟严密守卫。皇帝在仪仗、近侍护从之下幸临德阳殿，乐队奏乐。三公奉玉璧，二千石奉羔，千石、六百石奉雁，四百石以下的官吏奉雉朝贺皇帝，太常官高声唱赞，太官赐酒食，倡优、杂耍纷纷献艺，钟鼓齐鸣，丝竹悠扬，欢歌笑语，其乐融融。

冬至朝会

沿至隋唐礼仪更趋完备、盛大。隋代时冬至日的大朝会也已成为定制，且其规模之盛大也绝不亚于元旦朝会。因此隋炀帝杨广也作了一首非常得意的《冬至乾阳殿受朝》诗来粉饰他统治下的太平盛世：北陆玄冬盛，南至晷漏长。端拱朝万国，守文继百王。至德渐日用，治道愧时康。新邑建嵩岳，双阙临洛阳。圭景正八表，道路均四方。碧空霜华净，朱庭皎日光。缨佩既济济，钟鼓何锽锽。文戟翊高殿，采眊分修廊。元首乏明哲，股肱贵惟良。舟楫行有寄，庶此王化昌。

贞观朝会

唐代更是中华帝国鼎盛之际，万物制度更加鼎盛严明。朝会规模也更是空前盛大。唐代的天子不仅要受汉族文臣武将的朝贺，还要受边疆各地少数民族和藩属国首领及各国使臣的庆贺。以至于每当朝会之时，驰道冠盖相望，羽旌飞驰；朝堂彩带飘扬，服色纷杂；庭院剑戟耀眼，钟鼓喧天。

开元朝会

太子朝贺 按《开元礼》记载，元旦、冬至之日，皇帝、皇后首先要接受以太子为代表的宗室皇亲的朝贺，然后要接受文武百官的朝贺，最后要接受少数民族首领、外国使者的朝贺，每一次朝贺之后还要举行规模盛大的宴会以示庆贺。

皇帝、皇后元旦、冬至接受皇太子朝贺的前两天，有关部门就要命令其所属人员各奉其职，不得有误。朝贺的前一天，尚舍、奉御要为皇帝在太极殿的北壁面南设置幄座，守宫等官员要为皇太子在承天门外的东朝堂的北面设置面向南的位次，并在东宫朝堂内为东宫官员设好位次。太乐令应在殿庭悬设编钟、磬等乐器。典仪要为皇太子在横街南道东北面设位次，为典仪在悬设的乐器北面设位次，为两位赞者在太子位的南边设位次，奉礼官要为东宫各位官员在东宫朝堂设置好班次位置。

朝贺这一天，按规定的时间，东宫所有的官员都身穿朝服聚集起来。各卫率官员各自整饬，统领所有人员。左庶子手执笏板请"中严"。典谒官引导宫官各就各位。侍卫官员各自拿着他们的武器、仪仗与背着太子印信的右庶子一起到阁门奉迎太子。仆官把金辂车南向放在西阁外，内率一人执刀面向北站在辂车前，中允一人站在侍臣前，赞者二人又站在中允的前面。

上述人员各就其位后，左庶子执板奏请"外办"。仆官振动衣服，立正执缰绳。皇太子头戴远游冠，身穿绛纱袍，坐着轿子出来。左右侍卫分立两边，内率向前接过仆官手中的缰绳。仆官站着把绶带递给太子。左庶子以下的侍卫官员分左右两边夹持太子，中允官走到辂车前跪下奏请说："中允臣某言请发引。"然后俯伏行礼再站起来回到原来的位置。辂车启动，中允与赞者分左右引导，出重明门，到侍臣们上马的地方后，中允奏请太子，请辂车稍停一会儿，命令侍臣们上马。左庶子走到辂车前接受命令，接受命令后说："诺。"中允退下来对赞者说："太子有令，让侍臣上马。"赞者大声传令："侍臣上马。"待文武侍臣全部上马，左庶子、赞者也都各就其位后，中允再次启奏太子请："发引。"

太子辂车启动后，太子三师乘车在前训导，太子三少乘车在后训从，仪仗队敲锣而行，其余所有的侍从人员都骑马随从。到长乐门，停止敲锣，再稍往前。内率下马站在辂车右边，左庶子向前走到辂车的正前方跪下，奏请说："左庶子臣某说请太子下车。"俯伏然后站起来退到一边站立。皇太子下车，中书舍人引导太子走到前一天为他准备好的座位上坐下，左右侍卫像平日一样各尽其责。

朝贺期间禁军各卫各就其位，仪仗举黄麾罗列殿庭及紫禁城各街道、门口。等皇太子就座后，侍中版奏皇帝请“中严”。仪仗陈列在皇帝寝宫阁门外，太乐令率全体乐工各就其位，协律郎来到举麾的位置。各执事官各司其职。太子妃在元旦、冬至日也要率本宫人员，在仪仗簇拥下朝贺皇帝、皇后，礼仪与太子朝贺大同小异。

群臣朝贺　皇帝、皇后元旦、冬至要接受群臣的朝贺。

朝贺前一天，尚舍、奉御等部门要在太极殿北壁下，面南为皇帝设御幄、铺御座，守宫官员要在东西朝堂为文官武将、客使按等次设立位置。太乐令要从太极殿到大殿的庭院悬挂编钟、磬等乐器。在大殿西边的台阶之西东向设一大麾，在悬乐东南西向设一大麾。鼓吹乐在建鼓之外分别设十二案摆放锣鼓等响器。乘黄令陈设车辂，尚辇、奉御陈设舆辇。尚舍、奉御在悬乐西北面的横街之南设解剑席。

典仪在横街南面的道东设三品以上文官的位次，褒圣侯与三品以下的介公、酅公的位次设在横街南面的道西，并为三品以上的武官在介公西稍南设位次。不同品级不同行，同一品级的站两行，北面为首位。在悬乐东边为四品、五品文官设位，六品以下的在横街南面设位。在三品以上的文官东面为东方、南方各州的朝集使、都督、刺史设位次。西方、北方各州的朝集使、都督、刺史位次在三品以上的武官西边设位次。

四品以下都分方位分别在同样品级的文武官后设位次。各州的使者分方位在朝集使后设位次。为皇亲国戚在四品、五品文官之南设位次，其中同姓皇亲在东，异姓亲戚在西。为三等以下的东方、南方客使在东方朝集使之东设位次，不同的国家、部族各相异位，可以站重行。为三等以下的西方、北方客使在西方朝集使之西设位次。四等以下分方位在朝集使六品之下每等异位重行。

在悬乐东北设典仪位次，在南边稍后为二位赞者设位，典仪、赞者位次都面向西。奉礼部门的官员在仪门外的朝堂中为官员们设位次。文官在东朝堂，每等异位重行，面向西。褒圣侯、三品之下介公、酅公在西朝堂之前，武官在介公之南稍后，每等异位重行，面向西。在异姓亲南方为西方、北方各州朝集使设位，每等异位重行，面向东。各州使者分方位在朝集使之下设位。各方客使也分方设位。

朝贺期间各卫率的将士挥动黄麾大仗各就各位。文武官员、朝集使、客使各穿朝服在朝堂各就各位。侍中版奏皇帝请“中严”。太乐令率乐工就位，协律郎入殿到达举麾位。各侍卫官都各操其器用之物与符宝郎捧着

御书房

玺宝到阁门奉迎皇帝。典仪率赞者先入阁就位。吏部、兵部、户部主客赞，所有的官员、客使都从自己的位次上开始行动，通事舍人分别引导他们在朝堂前的位次就位。侍中版奏“外办”。皇帝元旦身穿衮冕服，冬至戴通天冠，穿绛纱袍，坐轿而出，曲柄华盖、侍卫及其他仪仗在皇帝即将出阁门时先期而动。太乐令撞黄钟，其他五钟都回应，钟声大振。协律郎俯伏举麾，乐队奏太和之乐。

皇帝出阁从西朝房走到御座前坐下，符宝郎把玺宝放到御案上。协律郎放下麾，乐队停止奏乐。通事舍人引公以下及诸方客使等按次序进入朝堂，并各就各位。如皇太子也来朝贺，则皇太子朝贺完出去后，典谒引导公、王以下入殿。初入门时，乐队奏舒和之乐，公入至位，乐队停止奏乐。群官、客使等都站定后，典仪曰：“再拜！”赞者高声传唱，群官、客使都行两拜礼。

礼毕，通事舍人一人引导上公，一人到西边的台阶。上公刚开始行动，乐队奏乐，上公到解剑席，乐队停止奏乐。上公就席，脱鞋，解下佩剑，放到席上，先俯伏，再站起来。然后通事舍人引导上公走上台阶，一直走到正对御座的前面，面向北跪下致贺词，贺词与太子的基本相同。致完词俯伏，然后站起来。通事舍人引导上公走下台阶到解剑席。上公跪着佩好剑，俯伏，站起来穿鞋。乐队奏乐，上公回归原位，乐队停止奏乐。群臣、客使都行两拜礼。侍中上前接旨，并说：“有制！”群臣、客使再行两拜礼。宣诏官宣诏说：“履新之庆，与公等同之。”如是冬至大朝，诏书则说：“履长之庆，与公等同之。”宣读完后，再行两拜礼，舞蹈并高呼：“万岁！”然后又行两拜礼，侍中归位。

上表进贡 每逢大朝会各地都要上表致贺，并进贡物。在朝会开始前，中书侍郎把各州、镇进的贺表放到右延明门外的一个书案上，给事中在左延明门外放一个祥瑞案。当群臣进贺时，命令两个身穿公服的御史互相对应着各举一案。侍郎和给事中各入侍臣班列。户部把各州进的贡物陈列在太极门东西厢房。礼部让各少数民族把进贡的物品中最值得拿出手的礼物拿在手中入殿就位，而把其中重大的不便拿的礼物放到朝堂前。

上公将要进门时，中书侍郎走出侍臣班列，引导举表案的御史走进大殿，走到西边的台阶下，面向东站立。给事中出列把举祥瑞案的御史引导到大殿东边的台阶下，面向西站立。上公准备登上大殿的台阶前，中书令、黄门侍郎都从台阶上走下来，站在台阶下。当上公登台阶时，中书令、黄门侍郎各取需要进奏的表文，先后登上台阶。

上公致完贺礼，中书令上前跪奏各方上的贺表，黄门侍郎上前跪奏祥瑞。礼毕，都走下台阶把进奏的文表放回书案，然后退回原班。侍郎、给事中引导御史举案退到东、西阶前，文案出殿，侍郎、给事中归还原班。而在侍中宣完诏书，等朝集使、少数民族首领行完两拜礼后，户部尚书要走到两阶中间面向北跪下。待黄门侍郎奏完祥瑞后，户部尚书要说："户部尚书臣某言诸州贡物，请付有关管理部门。"然后俯伏，再站起来。侍中向前听从皇帝的口谕，退回来说："皇帝有制，同意。"户部尚书还班就位。接着礼部尚书进前，走到两阶中间面向北跪下，启奏说："礼部尚书臣某言，各少数部族进贡的物品，请交付有关部门。"然后俯伏，再站起来。侍中上前讨旨，退回后宣称："皇帝有制，同意。"礼部尚书退还原位。侍中还班。

岁朝图

太府率下属接收各州及各少数部族的礼物，走出归仁纳仪门。典仪高喊："再拜！"众人行两拜礼后，通事舍人按次序引导站在北面的人出殿。公刚开始行动，乐队奏乐，公出门后，乐队停止奏乐。侍中进前跪启皇帝说：

"侍中臣某言礼毕。"俯伏,然后站起来退回原位。皇帝立起,太乐令撞击蕤宾之钟,左右的其他五个钟随声呼应,奏太和之乐,鼓吹大作。皇帝步下宝座,坐轿从东边的朝房入阁,侍卫、仪仗随行而动。到阁门后,乐队停止奏乐。通事舍人引导站在东、西两面位次的人依次出殿,并请少数民族先出。

庆祝宴会 太乐令就在殿上设登歌,并引导舞者面南站在悬乐下。尚舍、奉御为上殿的各位官员铺设座位。三品以上的文官的座位面向西设在御座的东南面。褒圣侯及三品以下的介公、酅公的座位面向东设在御座的西南面。三品以上的武官的座位面向东设在介公、酅公后。东方、南方三品以上的朝集使、都督、刺史的座位设在三品文官之后。西方、北方三品以上的朝集使、都督、刺史的座位设在三品以上的武官座位之后。东方、南方三等以上的少数部族入朝者的座位设在东方朝集使座位之后。西方、北方三等以上少数部族入朝者的座位设在西方朝集使的座位之后。各等都重行异位,以北为上首。

不上殿的官员的座位都设在他们的位次上。在悬乐器西北横街之南为官员们还设置了解剑席。尚食、奉御部门在殿上东序的西端西向设寿樽,在樽南设坛并加爵。太官令在东西厢近北为上殿者设酒樽,为在殿庭的官员各在他们座位南边设樽、设坛。酒樽、坛以帷布遮挡。

一切摆设停当后,吏、户、兵部主客赞,群臣、客使都出来,然后由通事舍人引导着各就朝堂前各位。典仪带领赞者先进殿就位,然后由通事舍人引导各位上殿的官员进殿各就各位。侍中版奏皇帝"外办"。皇帝头戴通天冠,身穿绛纱袍,在曲柄华盖等仪仗的簇拥下,乘轿出阁。

当皇帝将出阁,仪仗启动之时,太乐令就撞击黄钟,它右面的其他五个钟也与之呼应,奏太和之乐,鼓吹声大作。皇帝出阁,从西边的房子登上宝座面南而坐。符宝郎把玺宝放到御座前,乐队停止奏乐。典仪一人登上东边的台阶面向西站立。通事舍人引导公、王以下各官及诸客使按次序进入大殿各就各位。公、王刚进门时,乐队奏乐,公、王到达他们各自的位次后,乐队停止奏乐。

所有的官员、客使进殿站定后,侍中走到御座前面向北跪下奏称:"侍中臣某言请延诸公、王等上殿。"然后俯伏,接着站起来。侍中接皇帝旨"可"后,走到东边的台阶上面西宣达皇帝的旨意说:"皇上有旨请公等上殿。"典仪向台阶下传话,赞者又大声传呼。所有的官员、客使都行两拜礼。侍中退回原位,官员们行完拜礼后,通事舍人引导应该上殿的官员们来到东、西台阶。

公刚开始行动时,乐队奏乐,走到解剑席前时,乐队停止奏乐。公、王

崇庆皇太后圣寿庆典图卷之一

及其以下的官员都脱下鞋，跪着解下佩剑放到席上，俯伏，然后站起来。通事舍人接着引导上公一人登上台阶，稍向东走，面向西站定，以下的官员各站在座位后。待所有的人都站定后，光禄卿向前走到东西台阶中间跪下，启奏说："臣某言请赐群臣上寿。"俯伏，然后站起来。侍中接旨后如说："可。"光禄卿退下，走到酒樽旁面向西站立。通事舍人引导上公走到酒樽旁面向北站立。尚食、奉御酌酒一爵授给上公。上公举笏板，接过爵。通事舍人引导上公走到御座前，面向北，把爵交给殿中监，殿中监接过酒爵放到御座前。上公执笏板，通事舍人引上公稍向后退，面向北跪下，启奏说："某官臣某等稽首言，元正首祚，臣等不胜大庆，谨上千万岁寿！"俯伏，站起来行两拜礼。所有的官员、客使都行两拜礼后站在席后。侍中上前接旨，退回来说："敬举公等之觞。"所有的官员、客使都又行两拜礼。

殿中监捧爵向前交给近臣，近臣递给皇帝。皇帝举酒，乐队奏休和之乐，所有官员、客使都舞蹈山呼"万岁"。然后殿中监上前把虚爵接过交给尚食、奉御，奉御接过爵放回坛上，乐队停止奏乐。当殿中监在殿上接虚爵时，典仪高唱"再拜"，台阶下的赞者接着高喊"再拜"。所有官员、客使都行两拜礼。通事舍人引上公就座后回归原位，典仪高唱"就座"，台阶下的赞者接着高喊"就座"。所有的官员、客使都俯伏，然后坐下。

太乐令引导乐者来到台阶下，脱鞋，然后上殿就座。吹笙、管的人走到西边的台阶中间面向北站立。尚食、奉御进酒来到台阶下。殿上的典仪高喊："酒来了，站起来。"台阶下的赞者接着高喊："酒来了，站起来。"所有的官员、客使都先俯伏，再起来，站到席后。殿中监到台阶上观察酒是否送来。尚食、奉御捧着酒进前送酒。皇帝举酒，太官令又给所有的官员添酒。酒上来后，典仪在殿上高喊"再拜"，台阶下的赞者接着传喊。所有的官员、客使都行两拜礼，举笏板，接过酒觯。典仪在殿上高喊"坐"，赞者在台阶下接着高喊"坐"。所有的官员、客使都就座，俯伏，坐好饮酒。皇帝第一次举酒时，登上殿的唱歌人就要演唱昭和之乐，演唱三次，尚食、奉御把空觯放

崇庆皇太后圣寿庆典图卷之二

回坛，演唱者走下台阶回到原位。

酒过三巡，尚食、奉御进献御食，登上台阶，典仪在殿上高喊："吃的东西端上来，站起来。"赞者在台阶上接着高喊同样的内容。所有官员、客使都举笏板、俯伏，然后起来站到坐席后。殿中监走到台阶上，察看端饭的桌案，尚食、奉御品尝完各种食品后，依次进前放到御座前。太官令又巡行所有的官员、客使的食案，待上完吃的东西后，典仪在殿上高喊"就座"，赞者在台阶下接着传喊"就座"。所有的官员都坐下。皇帝开始进膳，乐队奏休和之乐，所有的官员、客使都吃饭。皇帝用膳毕，乐队停止奏乐。接着喝酒，并摆上汤、果品等。

太乐令引导跳舞的人按次序进来。如果皇帝赐酒，侍中就接受旨意走到东边的台阶上面向西传旨"皇帝赐酒"。典仪在殿上，赞者在台阶上接着传喊。所有的官员、客使都举笏板、俯伏，起来行两拜礼，再举笏板，站着接过酒觯，来到席位，俯伏，坐着饮完酒，再俯伏，起来递上空爵，举笏板，再行两次拜礼，就座饮酒。酒过十二巡，宴会结束。典仪在殿上高喊"可，起"，赞者在台阶下接着传呼"可，起"。所有的官员、客使都俯伏，起来，站到席后。通事舍人引导殿上的所有官员都走下台阶，走到席前，跪着带上佩剑，俯伏，站起来穿上鞋，乐队奏乐，所有的官员都回到横街南边的位次，乐队停止奏乐。在大殿庭院中的官员们仍然在席后站定。典仪曰："再拜！"赞者接着传呼。所有的官员都两次行拜礼。

如果皇帝下令赐物，侍中接旨后，走下台阶对所有的人说："有制。"所有的官员、客使都再次行两拜礼。侍中宣读完制命后，所有的官员、客使又再次行两拜礼。通事舍人引导所有的官员、客使按次序出殿。公刚开始行动，乐队奏乐，公出门，乐队停止奏乐。侍中进前启奏皇帝说："侍中臣某言礼毕。"俯伏，站起来，回到原位侍立。皇帝站起来，太乐令撞击蕤宾之钟，左右的其他五个钟都互相呼应，奏太和之乐，鼓吹大作。皇帝走下御座上轿，从东边的朝房走进内殿阁门，仪仗、侍卫像来时一样护从左右。皇帝进入阁门后，通事舍人引导东面、西面站位的人按次序出殿。

百官还要到皇后宫朝贺皇后，仪式与朝见皇帝相似，只是没有那样隆重。内命妇、外命妇、公主、大长公主等也要在元旦、冬至朝贺皇后，礼仪同百官朝见皇帝相似。朝贺结束后皇后还要在寝宫大殿举行宴会款待所有的命妇、女官，仪式与皇帝的宴会基本相同。

皇帝用膳的餐具摆设

生日朝会　历代皇帝生日时也常举行大朝会，其礼仪尤以唐玄宗五十一岁生日时举行的千秋节、康熙五十二年时的六十大寿和乾隆四十九年举行的“千叟宴”为最齐备，规模也最宏大。

综上，中国古代帝王们举行的大朝仪礼仪繁杂、规模宏大这一切都仅仅是为了突出一个主题：尊君肃臣。

登极礼仪

政治意义

在中国古代社会，谁人一旦登上最高统治地位，就享有了对全体臣民的统治权，获得了对全国土地的支配权。因此，历代的最高统治者无论是从血与火的争夺中夺取了皇位，还是依靠血缘关系坐享其成地获得了皇位的继承权，都要隆重热烈地举行登极礼仪，以此来表明统治权合理合法，神圣不可侵犯。为此，他们都往往要使用新的纪元年号，颁布诏书通告天下，让天下人都知道自己的统治是名正言顺的代天行令。此外为了显示皇恩的浩荡无边，以及新皇帝心怀爱民如子的宽厚仁爱之德，每位新皇帝在登极、亲政之时都要大赦天下。

登极礼仪是中国古代皇帝即位时举办的一系列礼仪的总称。自秦始皇六合天下，一统全国，确立皇位之尊后，几乎历代统治者在开国之初或新天子即位时，都要举行一定的仪式，借以显示皇权的合法性，并宣布新的统治时期的开始。《文献通考》云："事莫大于正位，礼莫盛于改元。"由此可见，登极仪在中国古代社会中具有非常重要的含义。从政治生活的角度来讲，因为只有通过这一仪式中的祭天、告祖活动，才能使皇帝成为名正言顺的最高统治者，他的发号施令才是"代天行令"，所以这一仪式在中国古代政治的生活中至为重要；从礼仪的角度来讲，因为这一礼仪包含的仪式繁多，场面庞大，涉及的人数众多，所以也是礼仪活动中声势最为浩大的活动。

御花园雪景

发展演变

秦及西汉，登极仪式还处于草创阶段，到东汉时，皇帝登极仪式的规模和制度已趋于严整。汉光武帝刘秀在鄗称帝时，就在鄗地之阳营造了坛位，祭告天地、祖宗。此后历代有变革发展，明清两朝，登极典礼最为完备。无论是规模的浩大，还是制度的严格，都远远超过了此前的各代。

综观历代登极仪式，其主要内容大致有以下几个方面：一是由皇帝亲自或派遣专门官吏去祭飨天、地、宗社，祇告受命于上天和祖宗；二是皇帝亲御正殿，穿戴衮冕礼服端坐在御座之上，接受文武百官拜贺行礼，称臣上表，确立君臣之分；三是颁发即位诏书于中外，宣布改元大赦。通常来说，开国君主的登极典礼比较隆重，有奏乐、舞蹈、赐宴、鸣钟鼓等喜庆仪式。至于某一朝中旧天子驾崩，新皇帝即位，因为受丧事影响，典礼都比较简单，赐宴、奏乐等各种仪式都不举行。

明登极礼

洪武元年(1368)正月，朱元璋在应天府(今南京)称帝，首先设立圆丘行祭告礼(古代帝王在国中出现即位等大事时，举行的祭天地、宗庙、社稷及百神的礼仪)。祭告礼完毕后,校尉在祭坛前的东南方设金椅一把,在金椅前设一张摆放衮冕服的供案。丞相等大臣率文武百官跪在供案前启奏说:"祭告礼都已进行完,请即皇帝位。"接着群臣把朱元璋扶拥到金椅上就座。

太和殿内景

百官排班列序,执事官将冕服案、玺宝案举到皇帝面前,丞相与几位重臣捧着衮冕服跪行到案前,放到桌案上,接着丞相等又把衮冕服替皇帝穿上,然后归班。通赞官高唱:"排班!"百官排列整齐后,通赞官行鞠躬礼。奏乐,当音乐大作的时候,对朱元璋行四拜礼,百官随通赞官行四拜礼,拜朱元璋,礼毕,乐止。通赞官高唱:"班首前行!"引礼官引导丞相行至朱元璋面前。通赞官高唱:"跪!举笏行拜礼!"丞相跪倒在地,举起笏板行拜礼。承传官高唱:"所有的官员全部跪下!"百官马上跪下。捧玉官打开玺宝盒,取出玉玺,跪承丞相。丞相捧玉玺启奏皇帝说:"皇帝进登大位,臣等现在恭谨地献上御用宝玺。"尚宝卿接过玉玺,放入玉玺盒中。通赞官高唱"就位",行一拜礼,百官随通赞官行一拜礼,平身。通赞官高唱:"复位!"引礼官引导丞相从西边退回原位。通赞官高唱:"鞠躬,行二拜礼,平身,捧笏板鞠躬。三舞蹈,跪左膝,三叩头,三次山呼'万岁!万岁!万万岁!'跪右膝,拿下笏板,俯身鞠躬,行四拜礼,平身。"百官随着通赞官的喊声行相应的礼仪。

百官平身后,皇帝宣布退朝,百官退。礼毕,皇帝在仪仗队簇拥下,到太庙奉上追尊四代以上男女祖先的宝册,并再度告祭社稷。从祖庙返回,皇帝穿好衮服,御坐奉天殿龙椅,百官上表称臣,行拜贺礼。在此之前,侍仪司要先行安排。

在殿上丹墀中间,内道西北面摆设上表桌案;在内道上下,东西两边设置丞相以下百官的拜位,不同品级的位置各不相同,按行排列。北面有捧表官、宣表官、展表官的位置,皆立于表案之西,东向;表案之南有东西相对而立的纠仪御史二人。东西陛下有宿卫官、镇抚官;他们的南面有护卫百

铜壶滴漏

户二十四人；稍后，有知班二人东西相对立于文武官拜位北面；通赞、赞礼二人立于知班之北，通赞官在西，赞礼官在东；再稍北有引文武班四人东西相对而立；引文武班稍南，又有引殿前班二人；引文武班之北，有举表案二人；西阶之下，东向而立有举殿上表案二人。

丹陛之上，西面有殿前班指挥司官三员，东向侍立；东面有宣徽院官三员，西向侍立。大殿中门左右两边有仪鸾司官员，东西相对而立。大殿东西二门，左右两边有护卫千户八人东西相对而立。鸣鞭四人排列在殿前班南面，面北而立。殿门左右有将军六人东西相对而立。丹陛之上的四个墙角，有东西相对而立的天武将军四人。殿上正中有尚宝司摆设的宝案，宝案南面有侍仪司摆设的表案。

文官侍从班、起居官、给事中、殿中侍御史、尚宝卿位于殿上的东面，面向西；武官侍从班、悬刀指挥位于殿上的西面，面向东；受表官位于文官侍从官之南，面向西；内赞二人位于受表官之南，卷帘将军二人位于帘前，都东西相对而立。这天清晨，拱卫司就要在午门外的东西两边陈设好卤簿，排列好甲士，在奉天门外的东西两边排列好旗帜和仪仗。

其中有十二位甲士护持十二面龙旗排列在左右两边；北斗旗一面，大纛一面排列在前，豹尾一挂居于后面，分别由三名甲士护持；左右各有三十二面护旗。此外日旗、月旗、青龙旗、白虎旗、风旗、云旗、雷旗、雨旗、江河旗、淮济旗、天马旗、天鹿旗、白泽旗、朱雀旗、玄武旗、五星旗、五岳旗、熊旗、鸾旗及二十八宿旗各六行，每旗由甲士五名护持，其中一人执旗，其余四人执弓弩。

皇帝五辂摆设在奉天门外的丹墀上，玉辂居中，左面是金辂、革辂，右面是象辂、木辂。五辂左右两边分布有黄麾仗、黄盖、华盖、曲盖、紫方伞、

远眺雨华阁

红方伞、雉尾扇、朱团扇、羽葆幢、豹尾、龙头竿、信幡、传教幡、告止幡、绛引幡、戟氅、仪锽氅等各三行。丹墀左右陈列各种幢、节，有向节、金节、烛龙幢、青龙幢、白虎幢、班剑、吾杖、立瓜、卧瓜、仗刀、铠杖、戟、骨朵、朱雀幢、玄武幢等各三行。殿门左右有校尉擎执的一把圆盖、一把金交椅、一个金脚踏、一个水盆、一个木罐、一把团黄扇、一把红扇。当侍仪舍人二人举着表案进入大殿，放好后，击鼓一通，百官都穿好朝服。第二通击鼓时，百官各依品位东西相对地站在午门以外的北边，通班、赞礼、宿卫、镇抚等官都进入大殿各就各位，侍卫官、尚宝官、侍从官各自带着自己的应用器物进入大殿。第三通击鼓时，丞相以下的文武百官依次进入大殿，各就各位。当皇帝身着衮冕服升坐御座时，大乐、鼓声、吹奏声响起，当音乐停止时，卷帘将军卷起皇帝面前的帘子，尚宝卿把玉玺放到桌案上。拱卫司鸣鞭，引班引导文武百官进入丹墀拜位，北面而立。百官初行时，奏乐开始，百官各入拜位后，音乐停止。知班高唱："班齐！"赞礼高唱"鞠躬！拜！"百官随声而动，音乐随声而起，百官四拜平身，音乐停止。捧表以下官员由大殿西门进入殿内，内赞高唱："进表！"捧表官跪着行进到表案前，受表官跪在表案东面，举笏板行礼、受表，将表放在案上，然后放下笏板躬身退到殿内西面，面向东而立。内赞高唱："宣表！"宣表官走近表案，举笏板行礼，跪行宣读表章，与此同时，展表官也举笏板行礼，然后与宣表官一同跪下展开奏表，待宣表官宣读完表章，展表官放下笏板，将表章重新放回到表案上，然后退归原位站立，宣表官俯身退下，与捧表官等走出大殿西门，从西面台阶上走下，复归原位。

赞礼官高唱："鞠躬！"音乐大作，百官鞠躬，行四拜礼，音乐停止。赞礼官又高唱："举笏板鞠躬！三舞蹈！跪！山呼！"百官随声而动，拱手加额，山呼"万岁！万岁！万万岁！"乐工、军校齐声击鼓与之相呼应。赞礼官接着高唱："放下笏板！"百官放下笏板，平身，音乐高奏，百官又行四拜礼，庆贺结束。皇帝派遣官员册封皇后、皇太子。并下告周知全国，改国号为"明"，年号"洪武"，大赦天下。登极礼宣告结束。

皇帝卤簿图

清登极礼

崇德元年(1636)四月，皇太极登极。他首先亲率内外贝勒以下文武百官出德盛门，到天坛告祭天、地礼，礼毕。文武各官先到天坛东面新筑的登极坛下，捧玉玺四颗陈设到坛上的桌案上，把天子大驾卤簿陈设到坛前。

由导引官前往引导皇上由中间的台阶登上大坛，坐到金交椅上，诸贝勒大臣在左右两边按顺序排列。排列完毕，鸣赞官高唱："跪！叩头！"众官都行三跪九叩头大礼，然后平身。鸣赞官又高唱："跪！"众官跪倒，和硕贝勒等捧起玉玺跪献给皇太极，皇太极接过玉玺，交给内院官装入玺宝盒内。诸贝勒等复归原位。鸣赞官又高唱："跪！叩头！"众官都行三跪九叩头礼，然后平身。鸣赞官再高唱："跪！"众人都跪下。宣读官手捧用满文、蒙文和汉文三种文字写成的表文，站立在坛东，依次宣读皇上的尊号为"宽温仁圣皇帝"，建国号为"大清"，改元"崇德"，待宣读官宣读完，鸣赞官又高唱："叩头！"众官都行三跪九叩头礼，平身。鸣赞官高唱："退！"诸贝勒、群臣都退出班位。仪仗队排开，奏乐，皇上还宫。

登极

第二天，诸贝勒大臣率文武官员齐集殿前，分两边按排站立，皇上登殿，奏乐。鸣赞官高唱："排班！进！跪！叩头！"贝勒大臣带领满族文武官员行三跪九叩大礼，平身。鸣赞官高唱："跪！"贝勒大臣带领满族文武官员跪倒，跪献"称臣贺表"，侍臣接表，到御案前跪下宣读贺表。宣读完毕，鸣赞官高喊："叩头！"上表各官都行三跪九叩头大礼，平身。鸣赞官高唱："退！"各人都退归原位站立。

其次外藩大臣进献贺表，行礼。再次汉官进献称臣贺表，行拜贺礼。最后执事各官、都察院官员和鸣赞官都要各行三跪九叩头大礼。然后皇太极命令诸贝勒大臣、文武百官都按班就序坐好，众人叩头谢座，皇太极赐宴。宴会结束，皇太极还宫，众官退去。有关部门下诏通令全国，并实行大赦。

禅让礼仪

禅让起源

禅让礼是中国古代最高统治者将地位让于他人的礼仪。相传，父系氏族公社时期，炎黄部落联盟领袖尧在晚年时，向联盟议事会提出选用贤人继位的问题后，有人推荐他的儿子，尧不同意。灌兜推荐共工，尧让共工试行工师的职务，以考验他的能力，结果认为共工不能胜任。联盟议事会又推荐舜做继承人。尧让舜娶其二女为妻，考验他的德行，又让他协助处理政务，考验他的能力。这样，舜协助尧一直处理联盟政务长达二十八年之久。

太和殿露台上的铜鹤

禅让礼仪

尧死后，舜让尧的儿子丹朱担任联盟首领，但各部落却都舍丹朱而归顺舜，这时舜才担任了联盟首领。舜年老时，又选定禹做继承人，禹也曾长期协助舜处理事务。舜死后，禹也曾如舜让尧子一样，让位于舜的儿子商均。但各部落不同意商均继承，这时禹才出来继位。到禹时，虽也曾一度选定皋陶、伯益为继承人，但禹却不给继承人锻炼机会，暗中培植儿子启的势力，这样禹死后，启就继任为联盟领袖，从此选贤举能的禅让制就被“传子”世袭制取代。但思想家们往往视“禅让”为理想政治的最高境界，极力进行宣扬。因此，后世的一些统治者为了宣扬自己统治的合法性，也极为重视。

禹王治水版画

政治目的

“禅让”无非是新统治者为了说明自己的帝位是合法的，自己所承袭的政权是正统的。故而一个旧的王朝被新王朝用武力推翻后，新王朝为了证明自己的“改朝换代”是合法的，也要举行禅让礼仪。这种“正统”思想，实际上是中国传统意识中，政治生活中的“天命”观的直接反映。在中国古代，政治秩序的演变和政治演变的秩序，都被看做是由“天”的意志决定的。

董仲舒在《春秋繁露》中曾概括地论述过“天命”对于政治权力的意义：

天者，百神之君也。（《郊义》）

受命之君，天意之所予也。（《深察名号》）

唯天子受命于民，天下受命于天子。（《为人者天》）

王者必受命而后王。王者必改正朔，易服色，制礼乐，一统于天下，所以明易姓非继仁，通以己受之于天也。（《三代改制质文》）

主要内容

进行“禅让”的目的是为了说明新旧最高统治者的易人，是秉承“天命”的，是合法的。“禅让礼”中的一些仪式，大都是围绕承“天命”这一主题进行的。禅让礼仪大致包括以下几方面：

其一，禅让者在其始祖庙召集群臣，颁布退位诏书或传位诏书，说明禅让情由，取得始祖的谅解、群臣的认可。

其二，禅让者交出御用玺宝、金绶。

其三，即位者登极，宣布改元。

其四，祭告天地宗社。

其五，期间还要举行一些禅让庆贺典礼，如大赦、奏乐、即位者接受群臣朝贺等。

景祺阁和珍妃井

献帝禅让

汉献帝禅让帝位给曹丕时，先于高庙召集群臣、公卿，行告祠礼，宣读退位诏书说："我在位三十二年，天下一片混乱，幸而依赖祖先神灵的保佑，还能保全政权。然而上观天文，下察民意，炎汉气数已尽，国运当归曹氏。这由曹操、曹丕两代魏王的作为可以得到证实。大道盛行之时，应以天下为公，选举贤德有才能的人治理天下，因此尧能不传位给他的儿子，而传位给贤能的舜，并且因此而千古流芳。我非常羡慕尧的所作所为，现在我想追随帝尧的作为，把帝位禅让给魏王。"接着交出了御用玉玺、金绶，请御史大夫张音主持禅位仪式。曹丕假意推辞，不敢接受禅让，诸公卿大臣们就反复上书劝说，认为这是"天意"，凡人不可违抗。为"顺天应命"，曹丕只好接受禅让。命人在聚阳修筑高坛。

高坛筑成后，曹丕登坛接受玉玺、金绶，公卿、列侯、将领、匈奴单于及其他少数民族部族的朝觐者数万人陪同祭拜天地、五岳、四渎。当燎祭的烟气升上天空时，曹丕说，皇帝臣丕冒昧地昭告先皇先帝：汉王朝历经二十四帝，延续四百二十六年，至今日，天下穷困，君臣、父子、夫妻三纲不立，五纬错行，各种征祥符瑞都表明，汉家天下气数已尽，魏家天下当立。汉献帝认为应学习帝尧传位给舜的做法，让位给我曹丕。我曹丕害怕违背天命，想不接受，又不敢不接受。群臣、将士、万民，甚至少数民族君长，都认为："天命不可以辞拒，神器不可以久旷，群臣不可以无主，万机不可以无统。"曹丕我只好谨承天命，选择吉日，与群臣登上高坛接受皇帝玉玺、金绶，并诏告于天神，企望神灵保佑万民，让我们大魏王朝世世代代永享天命。接着他宣布改汉献帝延康元年为曹魏黄初元年，并大赦天下。群臣跪伏行三叩九拜大礼，山呼"万岁"。曹丕走下高坛，仪仗车驾驶向皇宫。汉献帝迁居山阳，称“山阳公”。封禅仪式宣告结束。

颁诏礼仪

礼仪释义

诏，也称诏书。《汉书·高帝纪》注：“如淳曰：诏，告也。自秦汉以下，惟天子独称之。”也就是说诏书是秦汉以来皇帝下达使命与法令时，布告天下的文书。颁诏礼仪是皇帝颁布诏书时所举行的仪式。

诏书格式

中国古代的皇帝们每当遇有“登极”、“册立皇后”、“上尊号”、大灾变等大政、大典礼时，都要布告臣民，举行隆重的颁诏仪式。诏书一般由皇帝的秘书机构或内阁根据皇帝的旨意草拟誊写，黄纸墨书，盖有皇帝的玺印。举行仪式后，交礼仪部门照式刊刻，用黄纸印刷，颁布全国各地让臣民家喻户晓。凡领到礼仪部门带玺印的诏书，用完后必须交回备案。诏书的格式，一般都是开头用“奉天承运，皇帝诏曰”来宣布有关事宜，结尾时又常常用：“布告天下，咸使闻知”。

太和门青铜狮

末代皇帝溥仪即位时颁布的诏书内容为：

奉天承运，皇帝诏曰：我大清诞膺天命，累洽重熙，仰维太祖、太宗肇造鸿业，世祖奠定神州，圣祖、世宗、高宗、仁宗、宣宗、文宗、穆宗，圣圣相承，功崇德茂。逮我大行皇帝，临御天下，三十有四年，宵衣旰食，勤求治理，圣躬弗豫，于光绪三十四年十月二十一日，龙驭上宾。钦奉遗诏，祗遵太皇太后懿旨，以朕承穆宗毅帝为嗣，兼承大行皇帝之祧，入承大统。神器至重，责在藐躬，自惟冲龄薄德，惧弗克胜。顾念列圣留给贻之善，大行付托之隆，勉抑哀思，恪遵成命，于十一月初九日，祗告天地宗庙社稷，即皇帝位，以明年为宣统元年，布告天下，咸使闻知。

金凤衔诏

中国古代各朝的颁诏礼仪不完全相同，其中以乾隆四十九年(1784)以后的礼仪最为完备。诏书用满、蒙、汉三体文缮写。颁诏这一天的清晨，礼部、鸿胪寺的官员就要预先在太和殿内的东边摆一个放诏书的黄案，在丹陛上正中也放一个黄案。銮仪卫把黄盖、云盘等仪仗、卤簿陈设在丹陛内。礼部官员在午门外各设龙亭、香亭一个。工部在天安门城楼雉口正中预设一个金凤，在城楼上东属第一间房内搭宣诏台。

王公百官身穿朝服齐集午门，内阁学士捧着诏书放到太和殿内的黄案上，皇帝御驾太和殿。王公百官行礼后，大学士捧着诏书走到太和殿廊檐下交给礼部堂官。礼部堂官跪着接过诏书，从中部的台阶左边走到台阶正中，安放在台阶上的黄案上，行一跪三叩礼，然后跪着捧着诏书站起来，由中部的台阶下来，礼部司官捧着云盘跪着接诏。诏书安置好后，礼部司官举起云盘，銮仪卫张开黄盖，导引诏书由中路出太和门，文武百官随出。

养心门

诏书送到午门后，放进预设在这里的龙亭里，行一跪三叩礼。銮仪卫、校尉抬着龙亭、香亭，在乐部和声署导引的伴奏下，随仪仗鱼贯而出午门，穿过端门，来到天安门后，由东蹬道登上城楼。然后由礼部司官把诏书从龙亭中捧到宣诏台上的黄案上，龙亭、香亭被抬下楼放到天安门前正中备用。在礼部官员上城楼恭奉诏书时，文武百官在金水桥南分翼排班序列，面北而站。

待城楼上下一切安排就绪，宣诏官登上宣诏台，面向西而站。当鸿胪寺官主持宣布颁诏开始时，文武百官都跪下聆听。宣诏官先读满文，再读汉文。宣诏结束后，把诏书放到案上，宣诏官退下。鸿胪寺官率百官行三跪九叩礼。奉诏官把诏书放到“朵云”（一种四周雕刻云状的圆木盘）内，来到预设在城楼雉口正中的“金凤”前，把诏书用彩绳悬系起来，金凤口衔诏书徐徐而下，故有“金凤颁诏”或“金凤衔诏”之说。

待金凤降至城墙下时，礼部官员把诏书接入云盘，再放到龙亭中，然后由专人将龙亭、香亭一并抬到礼部。礼部官员用黄纸把诏书刊印若干份，派专使颁发全国各地，以便家喻户晓。

大赦礼仪

礼仪释义

大赦，也称肆赦。中国古代每遇皇帝登极、禅位、巡幸或灾变等重大事件时，都要通令全国颁发赦罪诏书。大赦是带有普遍意义的赦免罪犯的活动，一般除十恶人犯（即犯谋反、谋大逆、谋叛、恶逆、不道、大不敬、不孝、不睦、不义、内乱等重大罪行的罪犯）不赦外，其他罪犯都要减等发落，或免予处分。历代举行大赦的仪式不尽相同，其中具有代表性的是御楼大赦，其仪式大致是：有关部门提前在准备举行仪式的宫殿为参加仪式的皇帝设御座，为亲王、百官、藩国诸州朝贡使以及僧、道等人员设立专门位置。太常寺设宫悬、钲鼓。

大赦程序

大赦这一天，刑部及早把将要赦免的囚犯姓名抄录整齐，以备御览。三鼓过后，皇帝御驾亲临宣赦宫殿，改换常服，参加仪式的所有人员各就各位，乐队奏乐，皇帝登楼升坐御座，丞相等高级官员侍立在皇帝身旁。所有的人员向皇帝行拜礼后复位，乐队停止奏乐。刑部官员向皇帝跪奏赦免囚犯名单，侍臣接过名单送皇帝御览。

皇帝御览过后，侍臣宣布“承旨”，有关官员来到御楼近前候旨。乐队奏乐，侍臣宣布大赦仪式开始，立金鸡，乐队停止奏乐，太常寺官员击鼓聚集将要赦免的囚犯。少府监在御楼的东南角立起鸡竿，并命令四名杂要艺人从竿的四面争着攀上竿顶，取出鸡口中所含的绛幡，先攀上竿顶者可得到绛幡。

此后，御楼之上的有关办事人员用朱丝绳穿好一个木制的仙鹤，让一名道士带着诏书乘鹤沿绳下楼，有关部门的官员从道士身上取出诏书，放到事先设立好的诏书案上。宣诏官从案上拿起诏书，面向北高声宣布："有制。"文武百官行拜礼。宣诏官高声宣读大赦诏书，读完后将诏书交给刑部侍郎，刑部侍郎按名单释放应释放的囚犯。所有参加仪式的人员都向皇帝致贺并高声欢呼"万岁"。大赦礼仪的仪仗规模都比较浩大，如宋真宗时举行大赦所用的仪仗人员就多达四千人。

讲武礼仪

中国古代战争频繁，战争又往往关系到一个王朝的兴亡盛衰，因此历代帝王都非常重视军训，每隔三年、五年都要亲临教场，观阅军队按兵法排阵操练。长此以往，这一活动就逐渐演变成了一套有一定规则的讲武、阅兵礼仪。历代讲武、阅兵的仪式既有继承，又有变革，大致可概括为五项主要内容：

养心殿后殿皇帝寝宫东间

讲武季节

多数朝代都把讲武仪式定在秋季。如东汉多在立秋之日举行讲武仪式，后齐、北宋、明、清等朝代都在秋季进行讲武，唐代则在仲冬时节讲武。

圈场立标

讲武前要除地围场、设观礼台、立进止标志和军旗。

后齐皇帝在国都外讲武前，先派司仪到郊外围圈演武场，立对垒两军进止标志，在北场设祭祀用的平台。唐代举行讲武仪式前，先命令部分士卒除地围场，演兵场每边长一千二百步，四面有和门，又圈出步、骑六军营地，左右厢各有三军。每军中间相距三百步，立五表，每表之间相距五十步，以此作为对垒双方军队前进、停止的标志。另在演军场北面设立一个面南的都坛。讲武仪式举行的前一天，讲武将士和士卒要集中在都坛周围，在都坛的中央和四角分别树立五彩牙旗、旗鼓甲仗，并用旗帜组成和门。

团城演武厅

宋真宗赵恒讲武前，要下诏书命司仪择地围场，筑观礼台，在观礼台上建筑房屋，构建行宫。

戎服观礼

皇帝在讲武仪式开始的那天，要身着戎服，登上观礼台，举行斩牲礼，或祭旗纛礼。如东汉皇帝在讲武时，要在城郊东门举行斩牲礼。明代皇帝大阅前要身穿常服，在内殿行四拜礼，然后特派专门官员到教场去祭祀旗露。唐代皇帝大阅前要乘坐革辂到都坛所在地，然后由兵部尚书身披铠甲骑马导引从北门进入教场。宋代皇帝阅兵时，乘马到教场，登上观礼台，向东进入观礼戎帐，然后召集群臣到观礼台就座，共同观看阅兵。清代康熙皇帝在南苑阅兵时，要身披铠甲登上晾鹰台，然后进入御用黄屋，观看阅兵。

排兵布阵

接受检阅的将士要按照兵法、战书的要求，演习战争中的排兵、布阵仪式。这是讲武礼仪中最壮观、最重要的内容。

东汉阅兵演武的时候，将士们要演习孙、吴兵法中所讲的六十四阵。后齐阅兵演武时，要演习战阵之法，排阵时，年轻的军士居前，年长的居后，待返回时，年长的军士在前，年轻的军士在后。身材高大的军士要手持弓箭，身材比较低矮的军士要手持旌旗。勇士手持铜鼓、大刀、盾牌组成军阵的第一行，其次是战士，再次是手执长矛的士兵，最后一排是弓箭手。

训练时，将帅先教士兵观看、熟习旗语，如旗卧则跪、旗指就冲等。教士兵用耳朵听号令，学习鸣金、击鼓时的动作，听到鼓声就要按军旗所指的方向勇猛地冲锋、进攻，听到鸣金声就要收兵等。教士兵学习长途拉练，使士兵们能够在艰难的旅途中快速行军前进。教导士兵要牢记刑罚的痛苦和赏赐的好处。此外，还要教士兵学习使用各种兵器，并让对垒的两军演习金、木、水、火、土五行相克相胜的方法。

唐代讲武的礼仪与后齐相似，演练时，大将要身披战甲，骑上战马，教习士卒。排兵列队时，也是年少者在前，年长者在后，身材比较低矮的士兵手持长戈、大矛，身强力壮的士兵手执旌旗。其余的战旗、战鼓的形状、规格与后齐相类似。东、西的步、骑兵两军对阵，演练时两军分别击鼓四次，各举青旗、白旗、黑旗及黄旗，演变出直阵、方阵、锐阵和圆阵四种阵势。列阵时，先举旗的一方为客，后举旗的一方为主。每次变换阵形，两军各选刀、枪手五十人挑战，先后共挑战五次，要在挑战时表现出勇敢和怯懦的行状，以及势均力敌和胜利、失败的情形。

宋代阅兵仪式又与唐代有所不同。南宋孝宗赵睿阅兵时，举黄旗，参加阅兵的所有将帅士卒都要三次呼拜。中军鸣角，马步军都列队。击鼓三声，骑兵上马，步兵拿起旗枪。四鼓举白旗，中军鼓声与挥旗相呼应，变方阵为抵御敌军的形状。另外再重击一次军鼓，步兵从四面形成抵御敌军进攻的阵势，一边战斗，一边前进，骑兵则离开军阵，作出战斗的态势。击鼓五声，举黄旗，变换圆阵的形状。

明代皇帝检阅军队演练阵势时，鸣炮三声，马步军开始按常规演练阵势。

清康熙三十四年(1695)，康熙皇帝亲临南苑大阅，把八旗兵分为三队，康熙带领皇子披坚挂甲进入教场，内大臣等扈从于后，在教场中建起三面

御用奇准神枪及弹丸

大龙旗后，上三旗侍卫随从皇帝、皇子、内大臣遍阅骁骑、护军、前锋、火器各营。然后立马于受阅军队之前，命军士吹响号角、螺号，击战鼓。随着号角的鸣叫，战鼓的轰响，各队兵马开始排兵布阵。随后，甲士挥动红旗，枪炮齐鸣。鸣金锣响过后，枪炮齐停。当战鼓再次敲响后，枪炮再次齐鸣，如此重复九次，每次击鼓、鸣枪、放炮，队伍都要向前行进五丈。当队伍第十次向前行进时，枪炮连发，中间没有间断。挑开鹿角，形成八个战阵门户，第一队军兵从八门冲出，第二队、第三队军兵尾随其后冲出军门。当冲出军门的军兵排成队列后，鹿角门关闭，号角齐鸣，军兵大声呼喊着前进。三队军兵形成大雁阵形，首队像雁首，二、三队像雁翅一样，相随推进，鸣金锣响过后，收兵回营，各回本阵，然后首队殿后，三队兵马结成队形在教场上缓缓行进。

犒赏三军

皇帝检阅完毕后，赏赐参加演武的将士酒宴或礼品，用来犒赏三军。如南宋孝宗检阅完演武将士后，认为此次演练非常成功，参加演练的军队

桐荫行猎图

的战阵、动作都完全符合标准，于是非常高兴，就加倍犒赏参加演练的将士。受犒赏的将士都高呼万岁，行三跪九叩大礼，谢主隆恩。过后，他又询问主管侍卫的军马司官员说："今天我所检阅的将士与过去我们打仗时指

挥的军队相比如何?”主管官员马上回答说:“今天我们所检阅的将士,都是陛下您平时亲自训练的军队,因为您平时对他们恩赏有加,爱抚备至,所以这些将士都忠勇百倍,不是过去那些军队可与比拟的。”清代康熙皇帝在大阅结束后,回到行宫,下诏宣布赏优、罚劣,以示严明军纪,鼓舞士气。在没有检阅前,要赏赐将士食物,检阅结束后,还要赏赐将士酒宴。

中国古代的讲武阅兵仪式,既是皇帝通过检阅军队,检验军队战斗力的一种仪式,更是最高统治者显示自己是三军统帅,重视军事训练,体恤将士,赏罚严明的说明。

大射礼仪

射礼释义

射,指射箭。大射,是中国古代通过群体性演练射箭,来使参加射箭的人熟悉进退、礼乐的一种大型军礼。《礼记》认为,射箭的人只有内心意志坚定,目标专一,前进、后退、左右转动合乎礼仪,才能射中目标。因此,通过观察一个人射箭的动作,就可以看出一个人的德行了。为此,古代天子用射箭来挑选诸侯、卿、大夫、士。诸侯每三年要向天子推荐士人,天子在射宫考校他们的箭术。

如被考校者射箭时仪容、动作合于礼,节度合于乐,而且射中靶子的次数多,就可以参与天子的祭祀。如仪容、动作不合于礼,节度不合于乐,而且射中靶子的次数少,就不得参与天子的祭祀。多次参与祭祀的诸侯就能得到褒奖。多次未能参与祭祀的诸侯就要受到斥责。多次得到褒奖的,就可以增加封地。多次受到斥责的,就要削减封地。由此可见,射礼是用来考校诸侯的一种礼仪。因此,诸侯群臣都很重视大射。夏商及此前的射礼已经无法考究,但由于《仪礼·大射》的记载,我们对周代的大射礼仪有较为详细的了解。

通告准备

按大射礼仪规定,如果国君有命令通知射箭,丞相之类负责辅佐国君的高级官员要把这一消息通告给百官,而其他的有关人员也要尽快把这一消息通告给可能涉及的所有人员。

射箭前三天，宰夫（负责执掌治朝法令的人）要命令宰和司马做好具体的准备工作。射人（主管国家的三公、孤、卿、大夫）射前一天要查看器皿的洗涤情况。司马要让量人用六尺的狸步来测量射箭处到射布的距离和要设置的避箭器具。有熊饰的射布距离九十步，有豹、麋饰的射布距离七十步，有犴饰的射布距离五十步。在各射布的西边十步、再往北十步的位置设置避箭器具。接着命令量人、巾车（掌管衣巾、车辆的官吏）设置三张射布。画有熊饰射布的高度，在豹、麋饰射布的上缘可看到中心鹄；画有豹、麋饰射布的高度，在犴饰射布上缘可看到中心的鹄；画有犴饰的射布离地一尺三寸。左下端的系绳不系。在射布西边十步、再往北十步的位置设置避箭器具。避箭器具用皮革制成。

乐人在射箭的前一天，在东阶的东边悬挂乐器。

射礼程序

设座 第二天，司宫（负责管理宫中事务的官吏）在东楹柱西边旋转两个方壶，在方壶南边放好国君用来盛酒的器物。用细布或细葛布制成巾，把巾连缀在箭上张开，遮盖住盛酒器，巾上放勺，再用垂下的巾撩起盖在勺子上。给出身庶民的做官人在丰的南边朝北放置两个圆壶。在画有熊饰射布的避箭器具东北放两壶沙酒。在东阶东南方放洗，垒和水放在东边。圆形竹器放在洗的西边，靠南陈设。在它的北边朝西放一个盛饭的圆形竹器。又在唱靶人的酒樽西北放洗，水在洗的北边。圆形竹器在洗的南边，靠东陈设。

小臣在东阶上为国君铺席，席头朝西。司宫在室门西边为主宾铺席，席位朝南。卿的席在主宾的东边，以东边为尊位。小卿的席在主宾西边，以东边为尊位。大夫的席位挨着小卿，也以东边为尊位，如果有面朝东的席，就以北边为尊位。乐工的席在西阶的东边，以东边为尊位。各小国国君的席铺在东阶上西边，面朝北，以东边为尊位。百官的饭食由膳宰届时分送到各自的席位上。

释礼 射人向国君报告一切准备齐备后，国君登堂，面朝西在席位上就座。

庭中奏起《肆夏》乐曲。主宾从西阶登堂，主人（代替国君充当献酒主人的宰夫）跟随着他。主宾站在右边，面朝北。主人登堂，两次行拜礼，主宾回拜两次。主人下堂洗觚，面朝北站在洗的南边。主宾下堂，面朝东站在台阶西边。主人辞谢主宾下堂，主宾答话。主人面朝北洗手，坐下拿起觚洗刷。主宾稍进前,辞谢洗觚。主人坐下把觚放到圆形竹器里,站起来回答。主宾返回台阶西边。主人洗觚结束,主宾拱手行礼,然后登堂。主人登堂,主宾拜谢洗觚。主人在主宾右边放下觚回拜,然后下堂洗手。主宾下堂,主人辞谢主宾下堂,主宾回答。

洗手完毕,主宾拱手行礼登堂。主人登堂,坐下拿觚。拿巾人举起巾,主人斟酒,拿巾人盖上巾。主人把勺放在巾上。拿巾人把垂下的巾撩起盖在勺上。在主宾席位前献给主宾,主宾在西阶上行拜礼,在席位前接过觚,返回原位。主人在主宾右边替主宾送上觚行拜礼。宰胥进献干肉、肉酱,主宾登上席位,庶子摆放盛有牲体的俎(一种专用来盛放牲体的祭祀礼器。一般用青铜制成,也有木制漆饰的)。宾主坐下,左手拿觚,右手拿干肉、肉酱,把觚放在祭物右边,站起来取肺,坐下行祭,尝肺。站起来把肺放到俎上,尝酒,走下席位,坐下放觚,行拜礼,称赞说"味道鲜美",拿觚站起。主人回拜。音乐终止。

昂里亚国进献的火枪

主宾持空觚下堂。主人下堂,洗手,洗象觚,复登堂斟酒,面朝东北献给国君。国君行拜礼接过象觚,然后奏乐。主人从西阶下堂,宰胥从左边房中进献干肉、肉酱,庶子从西阶登堂,摆放盛有牲体的俎。国君祭,庶子辅佐把肺交给国君。国君站立饮酒毕,坐下放象觚,行拜礼,复持象觚站起。主人回拜,音乐终止。主人登堂接过象觚,下堂把它放到圆形竹器里。

献觯 小臣在东阶下请国君命定进献酒觯的人。国君命令从长者中挑选。小臣让下大夫二人献觯。献觯人在东阶下都面朝北两次行拜礼,行稽首礼。国君回拜。献觯人站在洗的南边,面朝西以北边为尊位,依次进前洗手、洗角觯,从西阶登堂,依次进前从方壶中斟酒,在西楹柱北边交错。献觯人下堂到东阶下放下觯,先行两次拜礼,接着行稽首礼,然后拿着觯站起。国君回拜。献觯人坐下祭酒,接着把酒喝完站起来,再坐下放觯,两次行拜礼,接着行稽首礼,然后拿着觯站起。国君回拜两次。献觯人拿着觯在洗的南边等待。

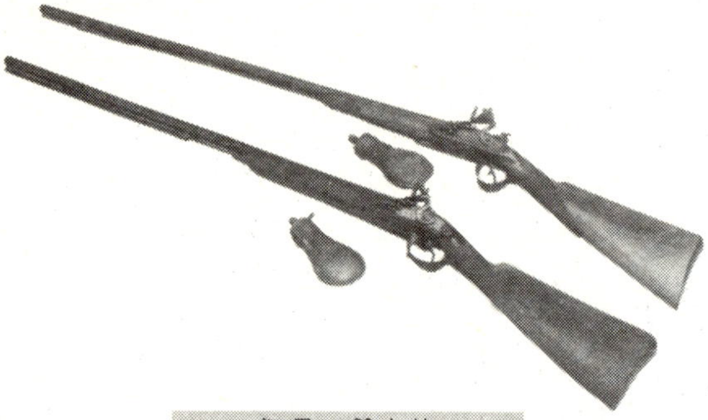

御用双筒火枪

小臣请国君定献觯人。如果命二人都献觯，那就依次进前，把觯放到圆形竹器里，在东阶下都面朝北，两次行拜礼，行稽首礼。国君回拜。献觯人洗象觯，登堂斟酒，依次进前坐下，把象觯放到祭物的南边，以北边为尊位。献觯人下堂到东阶为国君送上象觯，并两次行拜礼，一次行稽首礼。国君回拜。献觯人退回到门右的原位。

主人洗觚登堂，在西阶上献给大夫。大夫登堂，行拜礼接过觚，主人为其送上觚行拜礼。大夫坐下祭酒，站着喝完酒。主人接过觚，大夫下堂，回到原位。胥宰在洗的北边向主人进献干肉、肉酱，向大夫们敬酒都敬遍，接着进献干肉、肉酱。铺席完毕，传命人让大夫登堂，大夫们都登堂就席。

演乐 小臣引导乐工进入。乐工六人，四人鼓瑟。仆人正空手扶助大师，仆人师扶助少师，仆人士扶助上工。大师和少师、上工都下堂站在西边的鼓北面，众乐工伴随在后边，然后吹奏《新宫》三节。吹奏结束，大师和少师、上工都在东边土坛的东南方，面朝西坐下。

安坐 传命人在东阶下请国君立司正。国君同意，传命人于是就充当司正。司正到洗前洗角觯，面朝南坐下，放角觯，然后站立在中庭。司正登堂到东楹柱东边接受国君的命令，在西阶上，面朝北命令主宾和各公卿大夫。国君说："按我的命令使各位安坐。"主宾、各公卿大夫皆答说："是。怎敢不安坐。"司正从西阶下堂，面朝南坐下取觯，登堂从方壶中斟酒，下堂面朝南坐下放觯。站起向右转身，面朝北严肃恭敬地站立。然后坐下取觯站起，再坐下，不祭酒，把酒喝完。放下角觯，站起来，两次行拜礼，行稽首礼。向左转身，面朝南坐下取觯、洗觯，面朝南把角觯放回中庭，面朝北站立。

射布 司射至更衣处，露出左臂，套上扳指，穿上皮制护袖，拿着弓，在弓把外夹持四支箭，箭头在弓把中部位置，右手大拇指钩弦。司射在东阶前对国君说："请主持射礼的官行射礼。"接着报告说大夫和大夫为耦，即二人一组，不足由士侍候大夫。于是就到西阶前，面朝东，向右回头命令属吏拿射箭器具。士和梓人从北阶登堂，在两根楹柱中间测量尺寸，或用红色或用黑色画出两个一横一竖垂直交叉的标志。射正到场。画好标志以后，士和梓人从北阶下堂。司官打扫画标志的地方，完工后，从北阶下堂。太史在准备设置中的位置西边，面朝东等待着执掌自己的政事。司射面西对太史说："国君射画有熊饰的射布，大夫射画有豹、麋饰的射布，士射画有犴饰的射布。射箭人射中的不是自己应射的射布，射中也不算。地位卑微的人和尊贵的人结为一耦，与尊贵的人同射一个射布。"太史应允。接着比配三耦。三耦在更衣地方的北边等待，面朝西以北边为尊位。司射命令上射（一耦中的尊者）说："某人侍候您射箭。"命令下射（一耦中位次稍次于上射者）说："您和某位射箭。"命令完毕，接着命令三耦到更衣的地方取弓箭。

待射　司马正命负侯人拿着羽旗背对射布，负侯人都到射布前拿着羽旗背对射布等待着。司射到更衣的地方，让上耦射箭。司射返回原位。上耦走出更衣的地方，面朝西拱手行礼，前行，上射在左边，同时前行。对着台阶面朝北拱手行礼，到达台阶拱手行礼。上射先登上三阶台阶，下射跟随他在一级台阶。上射登堂后稍向左移步，待下射登堂后，上射拱手行礼。

两人同时向东行进。两人都对着画有标志的射位面朝北拱手行礼，到达射位拱手行礼，两人都用左脚踩射位，转身看着射布中心，两脚合并等待。司马正到更衣的地方，露出左臂，套上扳指，穿上皮制护袖，接着拿弓，右手夹持箭。从西阶登堂，到达左边的射位，站在两个射位中间，左手拿着弓把中部，右手拿着弓的末端，面朝南举弓，命令负侯人离开射布。负侯人把羽旗交给唱靶人，退后站立在西边。唱靶人和他一起等待射箭。

取箭　司马正露出左臂，套上扳指，穿上皮制护袖，拿着弓，右手夹持弓弦，同司射在台阶前身体左边相交错，从西阶登堂，从右边的射位走到后边站在两个射位中间，面朝西南向下推弓命令取箭。负侯人像原先一样应答，都走近射布，拿着羽旗背对射布等待着。司马正从西阶下堂，面朝北命令摆放插箭器具，小臣师摆放插箭器具，司马正面朝东，用弓作为指数的工具。

小臣坐下，把箭放到插箭器里，箭的末端朝北。司马正坐下，四支四支地数完箭。如果箭不够，司马正再露出左臂，拿弓登堂命令取箭，和原先相同，说："箭没取尽。"然后再去找箭，把找来的箭插到插箭器里，完毕。司马正进前坐下，把箭左右分开，站起来返回原位。

司射命令三耦各和自己的射耦交替取箭，都露出左臂，套上扳指，穿上皮制护袖，拿着弓，右手夹持弓弦。一耦出来，面朝西拱手行礼，对着插箭器具面朝北拱手行礼，到达插箭器具拱手行礼。

上射面朝东，下射面朝西。上射拱手行礼，进前坐下，把弓南北方向放，右手手心向上从弓上取一支箭，和弓把中部合并在一起。站起来使箭翎和弓把朝同一方向，同时向左转身，再向右转身，面对相反的方向拱手行礼。下射进前坐下，把弓南北方向放，右手手心向下从弓上取一支箭，和弓把中部合并在一起。站起来，使箭翎和弓把朝同一方向，同时向左转身，再向右转身，面对相背的方向拱手行礼。已经交替取完了箭，把四箭合并使它平齐。同时夹持四箭，两人都向内转身，面朝南拱手行礼。到达插箭器具南边，都向左转身，面朝北拱手行礼，腰插三箭，两指夹持一箭。拱手行礼，和射耦向左转身，上射在左边。退下的人和前进的人，身体左边交错，相互拱手行礼，转身返回，在更衣处放下弓箭，摘下扳指，脱下皮制护袖，穿好上衣，返回原位。

三耦交替取箭，直到射完为止。

国君射箭 主宾下堂，在堂的西边取弓箭，各公卿到更衣的地方，挨着排在三耦的南边。国君将要射箭，司马正就命令负侯人都拿着羽旗背对射布等待。司马正返回原位。隶、仆打扫候道。司射去掉扑，到东阶下向国君报告说："应当射箭了。"国君应允。司射到西阶的东边向主宾报告，接着插扑，返回原位。一名小射正从东边的土坛上拿取国君的扳指和皮制护袖。一名小射正从属吏手中接过弓，拂去弓上灰尘。两人都等候在东堂。

国君将要射箭，主宾下堂到堂的西边露出左臂，套上扳指，穿上皮制护袖，拿着弓，腰插三箭，两指夹持一箭，从西阶登堂，先等待在射位北三尺的地方，面朝东站立。司马登堂命令离开射布，和原先一样。从右边射位的南边转身，然后下堂。放下弓，返回原位。国君走近射位，小射正用笥捧着扳指和皮制护袖，大射正拿着弓，跟随国君来到射位旁。小射正坐下把笥放在射位的南边，接着用巾掸拂，取扳指，站起来。辅佐人放扳指和红色皮制的食、中、无名指的指套。小臣正佐助袒衣，国君露出红色上衣。袒衣完毕，小臣正退回东堂等候。大射正拿着弓，用衣袖掸拂弓把上下弯曲处，上边两次，下边一次。左手拿着弓把中部，右手拿着弓的末端，把弓交给国君。国君亲自试弓的强弱。小臣师用巾向里掸拂箭，把箭接连不断地交给国君。大射正站在国君的后边，把箭的运行情况报告国君。

国君射完，大射正接过弓等待，国君和主宾交替地射，把四支箭射完。国君射完箭，小臣师拿着巾退返原位，大射正接过弓，小射正用笥接过扳指、皮制护袖，退回放到东边的土坛上，回到原位。大射正退返回司正的位置，小臣正辅佐国君穿好上衣，国君就席，司正用君命使主宾登堂。然后卿大夫接着射箭。

公卿射箭 各公卿到更衣的地方取弓箭，露出左臂，套上扳指，穿上皮制护袖，拿着弓，腰插三箭，两指夹持一箭，出来，面向西拱手行礼，行礼如同三耦登堂射箭一样。射完后下堂，和三耦一样到更衣的地方放下弓，摘下扳指，脱下皮制护袖，穿好上衣，返回原位。众人都接着射箭，放筹码都和原来一样。射完以后，放筹码的人就拿着剩下的筹码到东阶下面朝北向国君报告说："上、下射都已射完。"返回原位，坐下把剩下的筹码放到中的西边，站起来等候放筹码。

太和殿露台上的铜龟

祭酒 司宫为射布摆放两壶沙酒，在这两壶酒的西北方放置洗，圆形竹器放在洗的南边。宰夫的属吏进献干肉、肉酱，庶子摆放盛有牲体的俎。唱靶人左手拿散爵，右手祭干肉、肉酱、牲体，两手祭酒。祭完后，唱靶人走到西边（射布左右伸出的部分）的离西北方三步远的地方，面朝东，摆放好干肉、肉酱、牲体，站立饮酒毕。司马师接过空散爵，洗散爵，献给隶、仆、巾车和唱靶人。献完后，司马师接过空散爵，把它放到唱靶人的圆形竹器里。唱靶人拿着干肉、肉酱，庶子拿着俎跟随其后，把干肉、肉酱、俎摆放到避箭器具稍南的地方。

司射到台阶西边，去掉扑，到堂的西边放下弓，摘下扳指，脱下皮制护袖，穿好上衣，走到洗前，洗觯，登堂斟酒，然后再走下堂，走到放筹码人的位置稍南的地方献给他。司射进献干肉、肉酱、牲体，行祭。唱靶人走到祭物右边，面朝东，行拜礼，接过散爵，司射面朝北，为送上散爵行拜礼。放筹码的人走近祭物坐下，左手拿散爵右手祭干肉、肉酱，站起来取肺，坐下祭肺，接着祭酒。站起来走到司射的西边，面朝北站立着把酒喝完，喝完后不行拜礼。司射接过空爵，把它放到圆形竹器里。放筹码的人稍靠西，避开祭物，返回原位。司射到堂西露出左臂，套上扳指，穿上皮制护袖，接着取弓，夹持一支箭，走到台阶西边，插扑，返回原位。

和乐射箭 司射仍旧夹持一箭，像原先一样让人射箭。一耦像原先一样拱手行礼，登堂。司马登堂，命令负侯人离开射布，负侯人答应。司马下堂，放下弓，返回原位。司射和司马在台阶前交错，司射把扑倚放到台阶西边，然后走到东阶下，面朝北，向国君请求用乐曲作限制动作节奏的标志。司射返回台阶西边，插扑，面朝东命令乐正说："国君命令奏乐。"乐正说：

"是。"司射接着走到堂下，面朝北看着上射说："不和鼓乐节拍相应，不放筹码。"上射拱手行礼，司射返回原位。乐正命令大师说："演奏《狸首》，间隔如一。"大师不站起来，答应了。乐正返回原位。乐工演奏《狸首》，三耦射箭。三耦射完后，主宾像先前一样，站在画有十字标志的射位上等待国君。国君在乐曲奏起以后走近射位，接连不断地射箭，不按乐曲的节拍射箭。其他如同初射的礼仪。

射箭完毕，如同先前一样行礼。主宾就席。各公卿大夫、众射箭人都和先前一样，接着射箭，放筹码。射完后，走下堂，返回原位。放筹码的人拿着剩下的筹码进前报告说："上、下射都已射完。"

数筹　司马登堂命令取箭，负侯人答应。司马下堂放弓，返回原位。小臣放下箭，司马师四支四支地数，都和原先一样。司射放下弓，和原先一样查看数筹码。放筹码的人把胜方或相等的情况，像原来一样报告，返回原位。司射命令摆放丰，并和原先一样在觯中斟上酒。接着命令获胜的一方拿着能射的弓，不胜的一方拿着不能射的弓，和先前一样，登堂喝酒。喝完酒后，同原先一样撤去丰和觯。

主人洗觯，斟酒，在西阶上献给士，士中的长者登堂行拜礼，接过酒觯，主人为送上酒觯行拜礼。士坐下祭酒，站着喝酒，喝完后不行拜礼。其他士不行拜礼，坐下祭酒，站着喝酒。接着在觯的南边进献给司正和射人，面朝北以东边为尊位。司正站在尊位，向士人普遍献酒。已经受献酒的士站在东边，面朝西以北边为尊位。接着向士进献酒。祝史、小臣师也在靠近他们的位置进献。主人走近庶民中做官的人的酒樽向他们敬酒，庶民做官

太和殿

的人不行拜礼，接过酒觯，坐下祭酒，站着喝酒。主人拿着空觯，把它放到圆形竹器里，返回原位。

如果国君命令说："再次射箭。"那么就不向庶子献酒。司射命令说："想射的人可以射箭。"卿大夫都下堂，两次行拜礼，行稽首礼。国君回拜。

射出一箭，射中三张射布中的哪一张都算射中。

饮酒 饮酒不计爵数。士有拿国君酒爵的，有拿卿大夫酒爵的。如果拿了国君的酒爵，要斟酒进献给国君，国君不行拜礼接受。如果拿了卿大夫的酒爵，国君命令赐予某人酒，就要进献给某人。接受赐予的人站起来接过酒爵，走下席位，在席位西边放下爵，先行两次拜礼，再行稽首礼。国君回拜两次。接受赐爵的人拿着爵就席坐下，等国君喝完酒以后再喝。拿国君酒爵的人，接过国君的酒爵，斟好酒，放回到国君席前祭物的南边。接受赐爵的人站起来，把酒爵交给拿卿大夫酒爵的人。最后接过酒爵的人站起来，在西阶上向士敬酒。

饮酒 大夫不行拜礼把酒喝完后，再给爵中斟上酒。士不行拜礼，从大夫手中接过酒爵，大夫就席。士人也如此依次斟酒，劝酒。国君如有命令撤去遮盖酒壶的巾，主宾及卿大夫就都下堂，在西阶下面朝北以东边为尊位，两次行拜礼，行稽首礼。国君命令小师辞谢，国君回拜，大夫们都避开，接着登堂返回原位都坐下。士在西阶上结束劝酒，如同原来一样。歌唱、吹奏，歌吹交替，合奏无数次。

夜晚，庶子在东阶上拿着火烛，司宫在西阶上拿着火烛，甸人（负责耕种籍田，按照规定进献谷类的人）在中庭拿着大火烛，门人在门外拿着大火烛。主宾已有醉意，面朝北坐下拿取进献的干肉下堂。主宾拿着干肉在门内屋檐处赐予管钟鼓的人，接着出门。卿大夫都出门，国君不送行。国君进入时奏《骜夏》乐曲。

明代射礼

明代编写《明集礼》、《明会典》时，开始将大射礼仪列入军礼中。按上述两部书记载，朱元璋在洪武三年（1370）时与群臣议定大射礼仪，并规定：凡是举行郊、庙祭祀礼仪的时候，都必须先行举行大射礼仪。届时，工部要负责制造好射鹄等各种应用的器具，而且规定射鹄要分七类。天子用虎鹄、皇太子用熊鹄、亲王用豹鹄，并都用五彩涂抹。文武官一品、二品用豹鹄，但只用四彩涂抹。三品至五品文武官员用糁鹄，并用三彩涂抹。六品至九品官员用孤鹄，涂二彩。文武官子弟及士人、百姓中的优秀人才参加射礼，要用布鹄，且不涂色彩。射箭的时候，要把一种为执旗人、收集箭支的人准备的，名叫“容”的遮蔽物放到鹄的右边，作为他们蔽身的挡箭牌。随后要布置好射中五皮。其中的树中供天子大射时使用，闾中供天子在宴饮射箭时使用。虎中，供皇太子和亲王使用。兕中，供一品至五品文武官员使用。鹿中，供六品至九品文武官员及官僚子弟、士民中的优秀人物使用。

为使大射仪有秩序地进行下去，还要设置各类职责各不相同的人员负责射仪中的各项事务。其中设置司正官两名，负责检验参加大射礼仪的人的尊卑品级及体力强弱情况，并按两人一组的方式对所有参加大射礼仪的人员进行编组。而射箭人是否射中或射中的程度怎样，由兵部官员负责记载。设置司射官两名，一般由射术比较高明的武官充任，他们要先各拿强弓进行示范性的射鹄，以此来鼓舞众人的士气。设置司射器官两名，负责分辨弓力的强弱，并按强弱不同把弓分为三个等级，然后根据参加大射礼仪的人员体力的强弱不同，分别授给他们不同的弓，这两名人员一般由工部选择推荐。设举爵者一名或数名，负责把倒满马奶的爵送给射中的人喝，这些人员一般由光禄寺的官员充任。

设请射者数名，负责确定参加射礼的人的射箭次序，一般由侍仪司的官员充当。又设引礼官二人，负责引导文武官员的进退，一般由侍仪司的舍人充任这一职务。此外还要布置侍获者若干人，负责收集射出的箭支，并把箭支统一交给负责管理各种器具的司射器者，这一职位一般由仆人、徒隶之类地位低贱的人充任。与此同时还要设置六名掌旗人，他们一般都站在挡箭牌后，手拿五色彩旗，通过举不同颜色的旗子来宣告射箭的结果。如果射中，就要举起红旗挥动，如中彩，就要举起彩旗挥动。偏西，举白旗，偏东，举青旗。超过了箭靶的中心，就举黄旗，没有达到箭靶的中心，举黑旗。举旗人均由军士充任。

为使各级文武官员都熟悉射礼，不至于在官场中弄出更多的笑话来，明王朝还特别规定：国子学及各郡县的生员都必须学习射箭，并且把大射礼的各项仪式明令颁布于天下。因此各地各级官府和学校都要在举行重大活动前仿照大射礼仪举办射仪。这些仪式与真正的大射仪相比来说，礼节略有减省，开始时射程是三十步，以后逐渐累加，到九十步为止，每次每人要射四支箭，每次以两人为一组。

田猎礼仪

中国古代帝王田猎的目的约有四种：一是为了保护作物不受禽兽糟蹋；二是为了供给宗庙祭祀使用的各种牺牲用品；三是为了通过田猎活动

中进行的驰车射骑，使军士熟习战争活动，进行军事演习；四是为了宴飨宾客，供帝王食用。

三皇五帝时就有田猎活动但到西周时田猎礼仪才堪称完备。据《左传》等文献记载，周代的天子、诸侯在农事之隙，无事之时，为讲兵习武，要举行四时田猎活动。即所谓春蒐、夏苗、秋狝、冬狩。

春蒐

春蒐是指帝王在春天时，乘农事空闲之便，振军习武，行围打猎。周礼规定，每年仲春时天子春蒐。届时，大司马要在行围场地提前立好旗帜标志召集、组织平民排列成形同实战的捕猎阵势。誓师完毕，天子、诸侯、军将、师帅、旅帅各执形制不同的战鼓发布、传递命令，卒长执铙、两司马执铎、公司马执镯来协调参与春蒐的各成员的行动。在鼓、铙、铎、镯的交响声中，各人或急速驱赶禽兽，或坐下隐蔽射箭，捕猎禽兽。行猎结束，要用猎物祭祀社稷。后世各代帝王春蒐没有定制，现存较为完善的帝王春蒐资料是刘宋王朝与北齐。

元嘉二十五年(448)二月，宣武场修成。宋文帝下诏春蒐校猎。蒐前，有关部门在围猎场地立好旗帜标志，为皇帝及随行官员建起行宫、馆舍武帐，做好准备工作。蒐前一天，参加春蒐的所有军队进行布围，领军将军一人负责指挥左翼军兵，护军将军一人负责指挥右翼军兵，大司马一人居中负责节制各路人马。天子身穿黑色单衣，头戴通天冠，乘坐木辂，在仪卫护从下来到行宫。行猎开始，天子身穿戎服，持钑队与持戟队都锻、戟出鞘，护从皇帝。围猎军兵在旗语指挥下，口中含枚，迅速从左右两边合围。合围后，传令兵传令全军：禁止射猎各类怀孕与幼小的飞禽、走兽。随后，大司马击鼓传令，缩小包围圈，军兵们都鸣角、击鼓、大声呼喊，从三面驱赶禽兽。待包围圈缩小到预定的范围后，大司马屯扎在用旗帜建起的北军门，左、右二翼将军分别屯扎于左、右军门，皇帝骑着马从南门进入猎场射猎。谒者驾驭护车收取被射中的禽兽，送到护旗北面，交给管理猎获物的人员看管。

继皇帝之后，王公可乘马驰入猎场射猎，王公射猎完毕，其他人员才可以按次序依次射猎。所有的猎物都要送到护旗北面的北军门，交由专人看管。射猎结束，大司马击鼓解围，所有参与春蒐的人员都回归本队，天子还行宫。殿中郎中率领他的属吏、随员将猎物放到护车上，并从猎获的各类禽兽中选取十只做祭品、十只招待宾客、十只供天子享用，其余的猎物分散犒赏参加围猎的将士们。犒赏结束，天子换穿黑色单衣、通天冠，在仪卫护从下，乘坐木辂返回皇宫，参加围猎的将士们各归军营。

夏苗

夏苗是指帝王在夏季时，为保护禾苗不受禽兽糟蹋率兵乘车射猎禽兽。按周制规定，每年仲夏天子夏苗。届时，大司马要召集参加夏苗的人员驾车列好阵势，严禁践踏麦苗。行猎开始后，不同等级的人各执鼓、铙、铎、饲驱赶禽兽。天于率先射猎，王公百官依次射猎。射猎结束，用猎物做祭品祭祀社稷。

秋狝

秋狝是指帝王在秋季时行围捕猎、整兵讲武的活动。在中国历史上，秋狝制度最完备，举行最频繁的是清朝。清朝顺治皇帝就曾多次率领禁军在南苑秋狝围猎。康熙二十二年(1683)六月，清圣祖赴古北口外行围射猎，确定了木兰秋狝制度。此后，清朝大部分皇帝都要在每年秋季到木兰围猎。木兰位于承德以北四百里，属蒙古翁牛特部管辖，该地方圆一千三百余里，林木郁郁葱葱，水草茂盛，各种飞禽、走兽聚集成群，是理想的行围捕猎场所。清朝皇帝秋狝时，特设了虎枪营，分别隶属上三旗管辖，遇到猛兽准许开枪射击。每次秋狝前，都要命令各地驻防长官选拔材官精兵到京城演习。其中特命蒙古各部选一千二百五十人为虞卒，称“围墙”，以备合围时使用。

届时，皇帝身穿戎装骑马出宫，在仪仗队的导引、护从下，先期到达行宫驻扎。并传令：严禁兵士踩踏庄稼，严禁夜行，违者按律论处。统围大臣赴围场按旗整队，在中心场地竖起黄色大旗作中军，左右两翼斜行竖起红、白两杆大旗作标志，两翼末端各竖一面蓝色大旗作标志，参围各部都受中军节制。管围大臣由王公大臣担任，并以蒙古王公、台吉为副手，协助组织围猎。

围猎分行围与合围两种，行围即围而不合，合围则四面包围。其中合围声势最浩大：当天五更前，管围大臣率领从猎各部首领观察山川远近大小，绕道出场外，或三五十里，或七八十里，然后在看城，用黄色布幔围成聚集。合围后，蒙古虞卒摘下帽子用鞭子抽打，并高声呼喊“玛尔噶”，声音传到中军三次后，皇帝出行宫，在仪仗队的护拥下，慢速向看城行进。日出前，皇帝到达看城稍事休息，等蓝色大旗到达看城后，皇帝进入中军周围观察围圈内的形势，随时发布命令，指挥射猎突围的野兽。御前大臣、侍卫都可以射猎逃出外围的禽兽。遇有猛兽，随从的虎枪营军兵可以开枪射击，以确保皇帝的人身安全。如果围场内圈入的野兽过多，就要网开一面，让一些禽兽逃出围外。猎获野兽后，要按类敬献。皇帝驾还行宫，管围大臣可以下令解围。

皇帝除留足祭祀、待客、食用的猎物外，其余猎物要赏赐随猎官兵，并要举行宴赏，犒劳参加秋狝的人员。清代皇帝秋狝时，一般都要哨鹿。每年农历白露过后，鹿鸣开始，为捕杀鹿，秋狝时还命令专人模仿鹿的声音鸣叫，吸引鹿群。捕鹿时，皇帝一般把侍卫官兵分成三队，出营大约十余里，命令第三队停止前进，再过四五里，命令第二队停止前进，再过二三里，将要到达哨鹿场时，命令第一队停止前进。皇帝只带领随从大臣十余人开枪射鹿，枪响之后，三队官兵向皇帝靠拢，依次开枪射鹿。

粉彩滕王阁山水纹暖锅

清朝还规定，如无特殊情况，各部、各旗首领都要亲自率兵参加。因此，木兰秋狝，也是清朝皇帝会见、犒赏各旗、各部首领，笼络人心，监察各部是否忠孝的一种政治活动。

冬狩

冬狩是古代帝王趁冬季农闲之时，演习军队，行围打猎的活动。周代天子田猎，以冬狩规模最浩大。冬狩前，负责管理疆界的虞人在猎场内要按百步三表，或五十步一表，竖立各种标志。

田猎之日，司马按标志竖起旗帜，各部长官拿着写有本部名号的旗帜召集部众，天子、诸侯、军将、师帅、旅帅、卒长、两司马、公司马各执鼓、铎、铙、镯，摆开阵势，诛杀迟到者。各部长官汇集在阵前杀牲宣誓："有不服从命令者斩！"中军击鼓传令，击鼓三通，司马摇铎，各部长官举旗，车兵、步兵都随着鼓声，在旗帜的导引下向前进发，行至标志前，随着鼓声与铎声的再次鸣响，车兵、步兵都坐下，各部长官放倒旗帜。再击鼓三通、摇铎三下，各部长官举起旗帜，战车快速向前冲去，步兵紧紧跟随战车奔跑，冲到标志前，又随鼓声、铎声停止前进，各部长官放倒旗帜，车、步兵都坐下。第三次击鼓三通、摇铎三次，战车三次回旋，步兵三次向前刺杀，随后各部进行射猎。猎获大野兽要交公，猎获小野兽归私人所有，射猎者捕获野兽割下左耳，以便记功。

天子射猎时降大旗，诸侯射猎时降小旗，大夫射猎时佐车停止前进，佐车停下后，百姓可以随意射猎。当射猎队伍到达预定的目的地时，鼓声大作，兵士同时大声呼喊，就好比攻占了敌人的阵地一样，射猎停止。各人献上猎物，祭祀四方神灵，天子主祭社稷，并犒赏有功者。

此后历代最高统治者几乎都要进行冬狩。其中唐代冬狩礼仪具有承前启后、继往开来的特点。

皇帝仲冬狩猎前十天，兵部召集百姓勘明地界，虞部丈量土地宽窄，在划定的狩猎场地上设立标志。狩前三天，有关部门根据地理、地形状况在狩猎场竖立旗帜。狩猎前一天，天还不明时，诸将召集本部军兵汇集在大旗下，不得大声喧哗，处罚迟到者，以示严明军纪。兵部再次重申军令后，军兵分左右两翼，由两翼将军率领布围，以军旗为号令，当天夜晚合围。田狩这天，天刚启明，皇帝御驾亲临猎场，在鼓声与号声中由仪仗及从猎王公大臣簇拥着进入围场。鼓吹令命令将六十个战鼓陈列在皇帝的东南面，擂鼓手面西而骑，另把六十个战鼓陈列在皇帝的西南面，擂鼓手面东而骑在马上。各部将领也在本部兵马的簇拥下，伴着鼓声进入围场。待一切齐备后，选择一百二十人骑马驱赶禽兽。

驱兽队出发后，皇帝乘马面南前进，侍卫人员扛着一面合拢的大旗随从，诸王公大臣都带好弓箭骑马站在皇帝前后，他们的随从人员扛着一面合拢的小旗追随在后。驱兽队驱赶的野兽第一次经过皇帝面前时，有关人员要为皇帝整理、检查好弓箭，并送给近侍大臣。野兽第二次经过皇帝面前时，近侍大臣把弓箭敬献给皇帝。野兽第三次经过皇帝面前时，皇帝从禽兽的左边射箭。每次驱兽队驱赶的禽兽都要在三只以上。皇帝射箭时，侍卫人员要举起大旗挥动。

皇帝射完后，诸王射。诸王射箭时，随从人员要举起小旗挥动。诸王射完后，诸公、大臣依次射禽兽。诸公、大臣射完后，驱兽队停止驱兽，老百姓开始随意射猎。射猎时，从左面发箭，射中左腢、左耳为上，射中右耳为次。射猎成群结队的野兽时，不能射尽杀绝，已中箭的野兽不再射，不射禽兽面门，不剪毛，逃出围猎范围的不追赶。田猎将要结束时，虞部在田内竖起旗帜，吹鼓手击鼓鸣号，将士们大声呼喊。射到禽兽的人把猎物献到旗下，割其左耳，以大兽充公，小兽归个人私有。上等猎物供宗庙做祭祀用的牺牲物，其次用来招待宾客，最次者交庖厨以充食用。皇帝还要命令有关部门献兽于四郊，致祭于庙社。

田猎是中国古代一种具有军事意义的射猎、献获礼仪，最高统治者借田猎之便，既可演习军队，显示自己的最高军事指挥权，加强对各部分军事力量的控制，又可表明自己重视对宗庙、社稷、神灵的祭祀，重视保护庄稼，勤政爱民，整兵习武不敢稍有懈怠的态度，还可借机满足自己射猎、出游的嗜好。因此，历代帝王多借田猎融合各种关系，以期达到巩固自己统治地位的目的。

遣将礼仪

遣将古礼

遣将仪是中国古代皇帝命令大将领兵出征的礼仪。每当朝廷进行对内对外征战时，朝中君臣都要对领兵出征的人选进行反复讨论。人选一旦确定，最高统治者就要举行庄严而隆重的出师遣将礼仪，以便确立征战大将的统帅权威，使全军上下军令统一、团结一致、调遣便利、夺取胜利。因为这一礼仪事关军事行动的胜败，乃至国家的荣辱存亡，所以历代统治者都非常重视这一活动。这一礼仪的大致轮廓是：

平定金川战图册·收复小金川

遣将之前，君王要清斋三天，沐浴更衣。接着在太庙举行祭祖仪式，祈求上天和祖宗保佑出兵能大获全胜。随后来到即将出征的将士队伍前，面南背北地站立在高坛之上，面对将士高举起象征有统帅权和生杀大权的钺，把钺柄交到将要统帅全军的大将手中，大声宣布诏令：从即刻起，将军可以独自裁决军中的一切军务。并对大将嘱咐临别赠言，希望他能在出兵途中，征战之时集思广益、体恤士卒、身体力行，等等。

接着，大将向君王表示自己非常荣幸地接受任命，一定要牢记君王的嘱托，不负重托，争取旗开得胜，马到成功，并且用君王赐给的钺凿开象征能逢凶化吉的军门，率领军队出发。君王则要率领文武百官为出征将士送行，并通过跪在路上推劝战车轮毂的动作，再次当众宣布：将在外，君命有所不受，军中之事不由君命，全凭大将做主。礼毕，大军迅速向战场开拔。

北齐遣将

北齐遣将出征时，先命太仆官到太庙传授战鼓、战旗，然后皇帝乘坐法驾，穿戴礼服礼帽到太庙，祭拜太祖，祈求上天和祖宗保佑出师大捷。祭拜完毕，站立太庙中阶，请帅兵出征的上将来到台阶上，举起钺，将钺柄交给大将，说："从这把钺向上，直到天上，请将军你管辖。"而后又举起战斧，将斧柄交给大将，说："从这把斧向下，直到黄泉，由将军裁决。"将军接受斧、钺后，说："治理国家，不能听由统兵在外的战将随意插手；统领军队，不能听任处于朝堂之内的君臣任意指挥。我现在既然受命统领大军出征，拥有了战鼓、战旗、战斧、战钺所具备的生杀予夺、统领全军进退的权威，却还想请您亲口告诉我：我有权处理军中的一切事务。"皇帝于是宣誓说："只要是对国家有利的事，一切听凭将军裁决。"随后将军登上战车，载上斧、钺、旗、鼓奔向军营大门。皇帝在军营门口推着车毂越过门槛，说："从这里以外，一切听凭将军处置。"大将于是率兵奔赴战场。唐、宋两代遣将仪与北齐基本相同。

明清遣将

明、清时遣将出征礼仪更趋完备。明代行遣将礼时，皇帝要服戎冠，到奉天殿，大将奉旨行跪拜礼入殿面君，承制官代表皇帝宣读命将诏书，并授予大将符节和斧、钺。礼毕，大将军离开奉天殿，带领载有斧、钺的战车来到午门外，检阅所统帅的将士，竖起军旗，鸣金击鼓，整齐队列，让仪仗兵高举符节、斧、钺，奏乐前导，百官依班次高低送行。

清代命将出征，首先举行除灾祈福仪式。主要是祭堂子和旗神，即祭天神和旗神，目的也就是祈求上天诸神和祖宗保佑出兵能大获全胜。如1636年清太宗皇太极命睿亲王多尔衮等出兵攻打明王朝时，就在大军启程前，亲自祭天神、旗神，并送行。其次要行赐敕印礼，一般在大将出征前举行。

如顺治元年（1644），命英王阿济格为靖远大将军，征讨流寇，曾在午门外举行赐敕印仪式。仪式开始前，先设立御座，东边书案上陈列敕印，王公百官会集于案后。仪式开始，顺治帝升坐御座后，大将军阿济格率领即将出征的部将行跪拜礼，内院大臣奉命宣读用满、蒙、汉三种文字书写的敕书，然后授大将军敕印，大将军登上台阶，跪着接受敕印，然后走下台阶，将敕印转交随军出征的文官保管，行三跪九叩头礼，鸣赞官高喊："退！"大将军退归原位。再次是行前谕诫、授略、整旅。

谕诫，即皇帝在军队出征前，传诏统兵大将，告诫他在行军时要注意的事项；授略，即在大军临行前一天，皇帝召统兵大将面授机宜；整旅，即皇帝在出征将士队列前御赐军械、令箭及标旗，以勉励出征将士团结一致、奋勇杀敌、夺取胜利。再次是举行守土官相见礼，即当出征将士路经各地时，当地的将军、督、抚要穿戴蟒服出城迎候。见面时，经略正坐，将军、督、抚侧坐，文司道、武提督以下，行庭参礼。

最后是赐酒宴饯行，令大将跪伏行近御座旁，由皇帝亲自赐酒一卮，大将跪伏受酒，一饮而尽，再行跪拜礼谢主隆恩。此后都统、副都统一类高级武官依次进见，由殿前侍卫授酒，众将跪饮而尽，叩谢而退。再下的参领一类低级武官，以十人为一列，跪伏到台阶之上跪饮而尽，叩谢而退。

中国古代历朝遣将出征礼仪都很庄重，礼仪大致包括祭祀神祇、祖宗，授符书、斧、钺，赐印，面授谋略，谕诫将士，亲临送行或设宴饯行。这种礼仪的举行，能起到树立统帅权威、鼓舞征战将士士气、安定军心的作用。

亲征礼仪

政治目的

宋真宗景德元年（1004），闰九月，大辽国的萧太后与辽圣宗率兵大举进攻宋王朝，先后攻占了岢岚（今山西岢岚）、莫州（今河北任丘）、瀛州（今河间）等城，宋军丧师失地，一败再败，朝野人心浮动，投降议和之说一时极为流行。十一月，辽军主力进攻澶州（今河南濮阳），朝中王钦若等人主张宋真宗把国都从开封南迁，放弃澶州，宰相寇准力排众议，力主宋真宗北征。宋真宗御驾亲征，到达澶州后，大大鼓舞了军民的斗志，澶州守军射死了辽国的统军使萧挞览，大败辽军，萧太后被迫与宋朝议和。宋真宗与寇准既不会使枪弄棒，又没有骑马射箭亲自到战场上去厮杀，可是宋真宗一御驾亲征，宋兵就士气大振，连连得胜这是因为，中国封建社会的皇帝是一国之尊，只要他能亲自做某一件事，就表明他极力主张干什么事，那么他治下的臣僚、百姓，只要努力干这件事就会受到提拔、重用、赏赐，反之就有杀身之祸。在辽兵大举进攻，朝野投降、逃跑声弥漫全国的情况下，置身于随时都有生命危险的疆场上的将士，自然非常重视最高统治者对战、和的态度。宋真宗的御驾亲征，表明他绝不会屈服、逃跑，而要与大辽国决一胜负。因此，宋真宗到达澶州城后，宋军士气大振，连打胜仗。由此可见，最高统治者的亲征，对表明自己的态度，鼓舞士气，甚至决定战争的胜负，都至关重要。

在中国古代社会，甚至当今的世界上，战争的胜败，往往关系着一个国家和民族的生死存亡与盛衰荣枯，故而中国古代的统治者都非常重视亲征。从黄帝时起，一些帝王为了向天下的人民表明他顺天应人、除暴安良的德政，常常亲自披甲出征。为了使这一目的更加显明地颁布于天下，亲征礼仪渐次完善。周天子时，亲征礼仪就初具规模，后魏增加宣露布之制（每次战斗，攻克某一地方后，为了让天下的人都知道自己获得大胜利的消息，就把胜利的消息书写在一块帛布上，然后挂到竹竿上，让军兵骑马举着竹竿上挂的帛书四处奔走、宣扬，后代逐渐演变成各地张贴战报），从后齐开始，到隋、唐、明、清各朝，亲征仪式日趋完备。

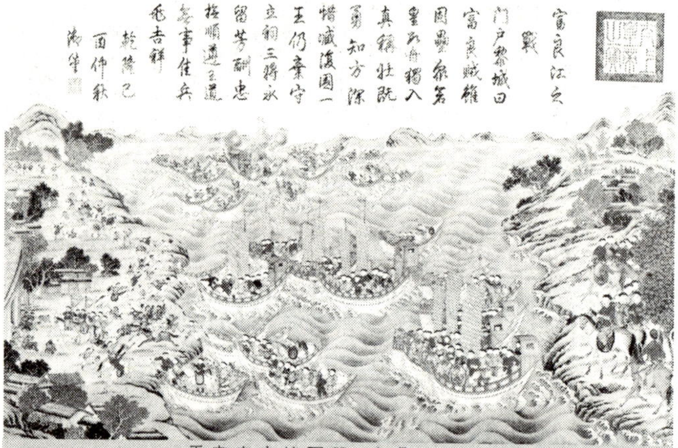

平定安南战图册·寿昌江之战

基本内容

历代最高统治者都很重视亲征仪，他们常常把亲征仪列在众多的军礼的首位。尽管历代的亲征礼仪都有一定的区别，但亲征礼仪的基本内容却是一脉相承、大同小异的。综合而言，亲征礼仪大致包括以下五方面的内容：

戒严 皇帝出征前，军营所在地要加岗增哨，组织巡逻队、纠察队到处巡察，进行戒严，禁绝无关人员往来、进出。有关部门在祭祀殿堂或庙宇旁边，设立一座面南背北的御用大帐，并在殿堂或庙宇东西两边按不同的等次、级别，为文武百官设立面北背南的位次。主管皇帝车马的官员，把革辂以下的车、旗仪仗排列在庭院之中。

平定安南战图册·三异柱右之战

亲征仪开始举行的第一天，天将启明的时候，有关的警卫部门就要安排警卫人员手执刀、枪、戟、斧之类的仪仗，排列在各自的位置上。天刚启明，侍从大臣、将、帅、随行官员，都穿戴戎装，留守官员穿戴公服，汇集殿庙附近，准备迎接皇帝。辰时三刻，侍中奏请击鼓戒严，持钑队排列于指定的位置。辰时五刻，文武百官各就各位，左右侍从近臣到禁门迎接皇帝。皇帝身穿武弁服，乘御辇奔往大殿，升坐御帐。典仪官高唱："行再拜礼！"文武百官都各在其位行两拜礼。礼毕，文武百官随天子行祭天礼。

祭天 中国古代"崇天敬祖"观念深入人心，天子受命于天，进行征战是为了"替天行道"。因此，历代皇帝亲征都要祭告上天。据《礼记·王制》记载，周天子出征前就要祭告上天，以求"受命于天"、"受命于祖"，在昊天上帝及诸位祖先神灵的保佑下，能出师顺利。为了表示对"上天"与"祖先"的恭敬，在祭天仪式举行的前一天，皇帝要在祖庙或特定的大殿斋戒一天，各位参与告天仪式的侍从大臣、军将与在位高级官僚也要清斋一天，以便能清心静欲地接受上帝与祖先的忠告。祭天这天，皇帝身穿弁服会齐百官，乘坐革辂，在大驾卤簿的簇拥下，来到先期吉日修筑好的祭坛前，面对祭坛神座行三献礼，仪式庄严隆重。用牲、玉帛、钱币等供奉上天。皇帝饮福酒后，各位从军出征的将军从东边的台阶登上祭坛，站在神座前，北向面对皇上，饮福酒受胙，然后回归原位，皇帝带领群臣行三跪九叩礼，然后撤去祭品送天神。

誓师 历代皇帝亲征时，为了师出有名，鼓舞士气，严明军纪，都要在出师前举行誓师仪式，向随军出征的将士们讲明出兵的理由、目的，申明军纪。

平定安南战图册·市球江之战

周武王十一年二月五日，武王亲自率领战车三百乘、虎贲三千人、甲士四万五千人，与庸（今湖北竹山）、蜀（今川西、陕南一带）、羌（散布于今甘肃等地）、髳（今山西平陆）、微（今陕西眉县）、卢（今湖北襄樊西南）、彭（今房县）、濮（散布于今川东、鄂西）等部族讨伐殷纣王。

出征前，当天色将明未明的时候，武王左手举着黄色的钺，右手拿着用旄牛尾装饰的白色指挥旗，在殷都朝歌（今河南淇县原朝歌镇南）南七十里的牧野，举行了声势浩大的誓师仪式。参加誓师的将士们在周武王历数商纣王听信宠妇妲己的谗言，不敬天祭祖，不任用同姓的兄弟、贤人，反而任用奸险小人违法乱纪、残害人民的罪行时，都立好盾牌，不时举起手中的戈欢呼。然后武王归纳说，商纣王违背了上天的意志，他要替天行"道"，讨伐无道的暴君。最后他又重申了战斗中的纪律，严令将士们一定要步调一致，统一行动，优待俘虏，并勉励全体将士要奋勇杀敌，建功立业。此后历代帝王亲征时，都要亲自誓师或派遣有关官员传旨誓师。

軷祭 即祭祀行道的各种神灵。历代皇帝为了求得诸神保佑，行军顺利，在行军征战途中，都要祭祀行道诸神及路经的名山大川。如隋朝皇帝亲征时，总要派有关部门的官员先期到大军途经的名山大川进行祭祀。用太牢礼祭祀岳渎，用少牢礼祭礼山川。唐朝皇帝亲征时，途经山川、道路，都要派遣官员行一献礼进行祭告。

露布凯旋 从后魏开始，历代皇帝亲征时，为了鼓舞士气，安定民心，宣扬自己的功德，每当攻克一地或取得一场战斗的胜利后，都要将胜利的消息书写在帛上，挂到竹竿上传令全军，并张贴捷报，通告天下。当亲征目的完全达到或停止进行征讨时，都要奏乐凯旋，告祭宗庙、上天，举行献俘仪式，论功行赏，并再度诏告全国，有时还要举办舞蹈、酒宴等多种形式的庆贺活动。

亲征礼仪是中国古代军礼中最烦琐、冗长，也最重要的礼仪。历代最高统治者通过举行这样的礼仪，既可体现自己的尊严与“受命于天”的合法性，又可宣扬自己除暴安良、替天行道的功德。因此，他们对这一礼仪的举行都非常重视，祭祀天地、祖先时的仪仗都非常齐备，规模与声势也非常浩大。

奏凯礼仪

古代战争中获胜的一方常常要大肆宣扬，凯旋还师。还师时，首先要整肃军容、军纪，全体将士都精神饱满、斗志昂扬地高唱得胜歌，押解着俘虏，接受迎接、慰劳，举行献俘奏捷仪式，朝廷则要论功行赏，奖优罚劣。为使这一系列活动能有声有色，起到应有的作用，历朝历代都制定了一系列相应的礼仪规范。概括而言，这些礼仪规范可分为奏凯还师、献俘告庙、论功行赏。

奏凯还师仪式在周代已初具规模，北魏时有较大的发展，把宣露布作为奏凯还师的第一环。明、清两代，奏凯还师仪式最为完备。明代凯旋还师，先遍发露布通告全国各地，然后由领兵打了胜仗的将帅率领得胜的军队整肃军容、军纪向京师进发，沿途各地的地方官要率领有关人员迎接、犒劳。当军队快要到达京城时，有关部门要在午门楼前布置警戒、仪仗、乐队。军队进入京师后，皇帝身穿武弁服，御驾午门楼上升坐，有关的官员也各按位次站立。当领兵将帅率卫队行至午门楼前时，司乐跪请皇帝准奏凯乐，皇帝准奏，鼓乐振作，编奏乐曲，乐毕，皇帝下诏中书省宣露布，而后开始行献俘礼仪。

清代奏凯还师，要先期祭告天地、庙社、陵寝，经略大将军凯旋回朝时，皇帝要率领百官出城十里迎劳，亲王、贝勒等按次序排列，皇帝率领他们拜谢上天，行三跪九叩礼。礼毕，皇帝升坐御座，王爷、贝勒等进献报捷战表，大将军率领有功官员拜谢皇恩，并交回印敕。

《清史稿·志·礼九》记载定边将军兆惠、定西将军阿桂等奏凯还师时，清高宗亲迎驻扎黄新庄行宫，并命令有关部门筑台犒劳出征战士，文武百官都汇集黄新庄。有关部门在拜天台上设立左右大纛，中间安排好皇帝拜天用的拜褥；在拜天台北面正中设立一座面南背北的皇帝御用黄色大帐篷，在大帐两边各设八个东西向的青色小帐篷；在拜台东西两边各埋设一根红色的下马柱。皇帝身穿龙衮服登上拜台时，鸣螺号，奏《铙歌乐》，将军及从征大臣、将士都穿戴好甲胄，跪在红色下马柱以外等待皇帝驾临。

皇帝登上拜台站立在拜位时，出征将军和大臣也按班序东西排列。鸿胪寺官员高唱："跪！"皇帝带领所有的人跪倒；高唱："叩！兴！"皇帝就带领所有的文武官员行三跪九叩拜天礼。礼毕，皇帝御驾升坐黄色大帐中，王公百官站立在东边的小帐篷下，行拜贺皇帝礼。礼毕，皇帝走出大帐，乘马还行宫。鼓乐齐鸣，奏《铠皇威》乐。

献俘礼仪

这是古代将帅凯旋时把在战争中俘虏的人员进献给太庙，以便告慰列祖、列宗战争胜利的仪式。献俘仪式一般包括致祭、皇帝常服御坐接受战俘、战俘匍匐待罪、皇帝恩赦松绑、赐礼物或下诏处置有关俘虏等内容，以宋、明两代献俘仪式最为完备。

明献俘礼

明朝永乐四年(1406)制定献俘仪。献俘仪式举行前，兵部官员向皇帝奏上露布报捷，礼部奉旨通告天下，文武官员都身穿朝服与市井百姓中的老年人一起欢庆胜利。

仪式举行前一天，内侍官在午门门楼前边正中的窗下为皇帝设立御座。举行仪式这一天早晨，锦衣卫在午门前御道的东西两边设立仪仗，教坊司把演奏大乐的乐队布置到御道南面的东西两侧，北向；鸿胪寺设赞礼官二人，东西相对站立在午门前；承制官一人站立在午门前边的东侧，面向西；宣制官一人面向西站立在午门东稍南一点的地方。

在午门门楼前御道南东西两边设立文武官员及少数民族使者的位次，文东武西相对应。在午门前的御道东边设立露布案一张，在露布案西，西向设宣露布官一员、展露布官二员位次，稍南西向设立刑部献俘官位次。在午门前御道西稍南的地方，北向设立献俘将校位次。在御道南稍东的地方设进献露布官员的位次。

仪式开始，敲钟，引礼官引导文武官员分东西两边按次序各自站立在自己的位次上，然后引导进献露布官捧着露布放到露布案上，引礼官退归原位。献俘将校引导俘虏排列到午门前武官班列的后面站立。皇帝身穿常服来到奉天门，钟声停止。鸿胪寺官员跪倒在地，请求皇帝乘车到午门，乐队奏乐，皇帝登上午门门楼，升坐御座，乐队停止奏乐。

平定伊犁回部战图册·呼尔满大捷

仪仗队鸣静鞭，全体肃立，赞礼官高唱“进露布官行四拜礼”，乐队奏乐，进露布官行四拜礼，赞：“平身！”乐队停止奏乐，进露布官平身。赞礼官高唱：“进露布！”乐队奏乐，进露布官举着露布案放到御道中央，乐队停止奏乐。赞礼官高唱：“宣露布官跪！”宣露布官与展露布官一起来到露布案旁，跪倒在地取露布，展露布官展开露布，宣露布官高声宣读完露布后，把露布放回到露布案上。赞礼官高唱：“俯伏，兴！”乐队奏乐，宣露布官与展露布官俯伏在地，行四拜礼，平身，退归原位，乐队停止奏乐。进露布官把露布案放回到御座东边的原位，在引礼官引导下退归原位。

赞礼官高唱：“献俘！”献俘将校引导俘虏来到献俘位前，俘虏面向北跪在前，献俘将校站在他们身后。刑部官员来到午门楼前，站立在御道中央启奏皇帝说：“某官某以某处所俘献，请付所司。”启奏完毕，复归原位。俘虏中有应该处以刑罚的，按旨引领他们面向东站立在西边，交给刑部处置。如果皇帝决定赦免一些俘虏的罪过，传诏命承制官跪倒在御道上请皇帝下诏，接诏后，由东街向南走到宣制官的位置旁，面向西对宣制官说：“皇上有诏，赦免俘虏囚徒的罪过。”宣制官高声宣喊：“皇帝有旨，赦免俘虏罪过，为俘虏松绑。”被赦罪的俘虏叩头谢恩后，献俘将校引导俘虏退下。

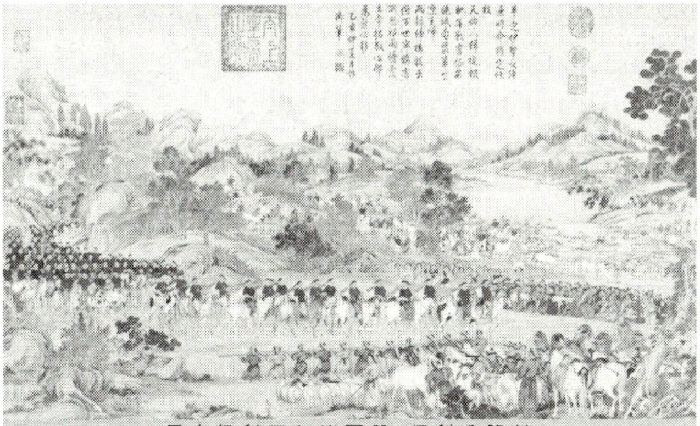
平定伊犁回部战图册·伊犁受降衅

引礼官高唱：“文武百官入班北向立！排班！”百官随声而动，待班次排列整齐后，负责致贺词的官员来到御道中间跪倒在地致词祝贺。贺毕，赞礼官高唱“鞠躬”，乐队奏乐，文武百官行五拜三叩头礼后平身，乐队停止奏乐。鸿胪寺官员跪倒在地，启奏皇上：“献俘仪结束。”皇帝准奏，乐队奏乐，皇帝乘坐的御驾离开后，乐队停止奏乐，百官按次序退出。

受降礼仪

主要内容

中国古代各朝各代的受降仪大致相似，其主要内容大致可以概括为以下四点：一是投降的君主或大将带领他的臣属或部将，身穿素服向获胜一方的君主或主帅请罪，并交出降表或玉玺、符节。素服指白色衣服，泛指凶礼服装，投降一方的君主或主帅身穿素服，主要是为了向获胜的一方表达诚服的意愿。

二是获胜一方的皇帝下诏宣布赦免投降者的罪过，投降的君主或主帅及其下属谢恩致礼。通常来讲，获胜一方的皇帝都能宽厚地对待降王、降将。通过下诏书赦免投降者的罪恶，既可以体现获胜一方最高统治者具有宽宏大量的美德，又可以收买敌对一方的人心。

三是获胜一方的最高统治者当众赏赐给降王、降将袍服，并设酒宴款待对方。

四是某些皇帝还赐封降王或降将为某一官职，并让他们诏告太庙。这样做，既可以安抚敌方军心民心，使他们心悦诚服，不再为敌，从而达到安定天下的目的，又可以通过诏告太庙这一活动，使降将诏告祖先臣服于获胜者，使获胜者“承天应命”，披上一层“君权神授”的闪光的外衣。

宋受降礼

宋朝受降礼仪最为完备、突出。宋太祖赵匡胤平定后蜀，蜀王孟昶率领部众投降。乾德三年（965）春天正月，宋太祖命令有关部门采集前代礼制制定受降礼仪。有关部门制定了一套较为完备的受降礼仪。按照礼仪规定，在孟昶部众到达开封的前一天，有关部门按照旧历元旦朝会的规定，在崇元殿设立了皇帝御座，布置好了有关的拱卫、仪仗器械。孟昶等到达开封，受降仪式举行的这一天，在天街左右陈列布置了各部骑兵、步兵，在明德门外摆好了供投降的孟昶和他的部众们使用的素案和坐席、坐褥，在横街的北面摆好了放降表的表案。

孟昶到达天街后，负责掌管引见的通事舍人带领孟昶和他属下的部众到横街北面，身穿白色素服，头戴纱帽，面向北，按次序站立。司仪高喊："敬献降表！"孟昶跪倒在地，进献称臣降表，负责接表的阁门使接过降表，孟昶退回原位站立待命。阁门使者将降表送入崇元殿，由侍御大臣宣读降表。宣读完毕，阁门使者接受皇帝旨意，走出大殿。孟昶与其臣僚俯伏在地，通事舍人搀扶起孟昶，其他臣属随后起立，阁门使者宣读皇上旨意，赦免孟昶与部下的罪过。孟昶等两次行三跪九叩礼，山呼万岁。拜谢皇恩。随后，主管服饰的衣库使把皇帝赐予他们的衣服冠带送到他们面前。

孟昶等又两次行三跪九叩头礼，并跪倒接受冠服，接着改换新冠服，乘马前进，孟昶到燕龙门下马，其部属到启运门下马，随孟昶前行，然后在升龙门前按次序站立。皇帝身穿常服升坐御座，文武百官随后进入大殿，分左右站立，接着阁门使引导孟昶及主要臣僚进入大殿舞蹈拜谢皇恩。

皇帝传旨让孟昶升殿，阁门使者引导孟昶从东边的台阶登上大殿丹墀。宣抚使接受皇帝的旨意安抚孟昶不要有其他想法，要一心一意努力为大宋王朝效力。孟昶走到皇帝御座前，接受皇帝的亲自问讯。问讯完毕，走回原位，与官属舞蹈走出崇元殿。中书令率领百官向宋太祖祝贺收降孟昶。宋太祖下令在大明殿赐孟昶部属与近臣酒宴。酒宴完毕，受降礼仪宣告结束。

清受降礼

清代的受降礼仪与宋代略有不同。据《清史稿·志十》记载，清太宗皇太极崇德二年(1637)春，清兵攻破朝鲜王都城，朝鲜王称臣投降。皇太极命有关部门在汉江东岸修筑成受降坛，然后乘坐黄色的车驾，驰出屯兵大营，伴随着鼓乐号角声来到汉江岸边，然后渡过汉江，登上受降坛，排开仪仗队。朝鲜王带领陪臣徒步行走来朝见清太宗。皇太极派遣有关官员迎出一里之外，然后引导他们来到受降坛下，由皇太极率领朝鲜王共同拜天，诏告上天"朝鲜王自愿投降大清王朝称臣"。

清太宗升坐受降坛上的金交椅，朝鲜国王与陪臣俯伏在地，请求免罪。通赞官高唱"行三跪九拜礼"，朝鲜王与陪臣随着赞语行三跪九拜礼。皇太极传旨免礼平身，朝鲜王起立，皇太极又传旨赐朝鲜王座。朝鲜王坐于亲王之下，位列诸子、贝勒之上。接着喝酒宴，放还被俘的朝鲜兵，并赐予王以下官员貂皮服。

乾隆十四年(1749)，乾隆皇帝又亲自颁发制定受降仪式，规定：凡是在阵前受降，可以派特使急报奏章入告皇帝，皇帝准报，才能大量书写受降安民告示，广为张贴。并在军营左侧修筑一座受降坛，坛位面南而设。在受降坛南百步以外的地方竖立表章，竖起一面写有“奉诏纳降”四个大字的大旗。投降一方的主帅站在大旗之下，经略大将军身披戎装乘马走出军营，这时军鼓齐鸣，炮声轰轰，参赞大臣等骑马跟随经略大将军走向受降坛。

平定伊犁回部战图册·乌什酋长献城降图

大将军来到坛下，投降一方的主将面向北匍匐在地，大将军登上受降坛，坐到正位，参赞大臣旁坐，有关将官站立在旁边。这时，投降一方的主将用膝行走，来到大坛下，请求宽恕赦免自己的罪行，大将军则宣扬皇上的德政、美意，盛赞皇上的宽宏大量，投降者则行三跪九叩大礼，感谢圣上赦免他与部下罪过的恩德。

受降仪式包含有体现获胜一方最高统治者既往不咎、宽宏大量的美德，与愿化干戈为玉帛、平息与各方面敌对势力矛盾的效能，同时可以向“上天”与“黎民百姓”宣扬自己进行战争只不过是替天行道，为解救黎民于水深火热之中的意愿，所以场面大都比较隆重。历代最高统治者也非常重视组织、完成这一活动。

行赏礼仪

献俘仪式结束后，一般都要论功行赏。历代的仪式各不相同，其中明代的论功行赏仪式最详备。

论功行赏

明朝规定，凡有军队得胜凯旋还朝，中书省都要移文大都督府论功行赏，兵部开列参战各位将士的功绩，吏部准备勋爵职名，户部、礼部出具赏格。中书省把六部议定的功赏名单、意见上报，奏请皇帝裁决。待皇帝裁决后，举行颁布功绩及赏赐官爵、礼物仪式。

设立位次

仪式举行前，内使监要负责在奉天殿设立御座、香案。尚宝司要在奉天殿正中设立玉案。侍仪司要在宝案前设诏书案，在丹陛正中北面设诰命案，在殿上东北设立供皇太子、诸王侍卫的位次。在殿上东边设立承制官位次，在丹陛诰命案北设立宣制官位次，在殿上东南设立吏部、户部、礼部尚书位次，在殿上西南设站立大都督、兵部尚书位次，又按不同行次为受赏官在丹陛下设拜位，在丹陛西南设站立位，在诰命案南设受赏位。

每名受赏官可带捧诰命、捧礼物人员一名，在受赏官后为他们设立位次，在受赏官站立位西设受赏执事位，在受赏官拜位北设知班三人的位次，在知班北边设赞礼二人的位次，在知班位北丹陛南设典仪二人的位次，在丹陛北为文武官员设站立位次。以上人员的位次都东西相对。

在殿上东边为侍从班、起居注官、给事中、殿中侍御使、尚宝卿、侍仪司官员设立位次，在殿上西边设悬刀武官位次，在丹陛西为殿前班指挥司设立三个面向东的位次，在丹陛上东边为光禄寺设立三个面向东的位次，在大殿中门左右设立东西相对的三个拱卫司位次，在仗马前设立东西相对的两个典牧官位次，在丹陛下为宿卫、镇抚将军设立东西相对的两个位次，在宿卫、镇抚将军位次稍后的地方设立东西相对的二十八个护卫千户的位次，在奉天殿东西门设立两个左右将军的位次，在奉天殿上皇帝御座帘前的东西两边设六个相对的将军位次，在奉天殿正门左右两边设四个东西相对的将军位次，在丹陛上四角设六个东西相对的将军位次，在丹陛南设四个北向的鸣鞭位次。

平定金川战图册·郊劳将士

迎请御舆

仪式举行这天早晨一鼓过后，金吾卫要排列好各种旗帜、器仗，拱卫司陈设好仪仗、车辂，典仗司准备好马匹、豹尾、虎皮等车舆仪仗，乐工准备好乐器，礼部摆好诏书，吏部摆好诰命，户部摆好礼物，左右殿前班、纠仪官、典仪官、知班官、赞礼官、宿卫、镇抚、护卫将军及各种执事官各就各位。通事舍人催促受赏官及侍立的文武官员都穿好朝服。

第二通击鼓之后，侍从官入皇宫迎接皇帝车驾，通事舍人引导受赏官员在午门外南边站齐班次，其他参加仪式的文武官员在午门外北边站齐班次，他们都文东武西，东西相对而站。

第三次击鼓之后，侍仪奏请皇帝下令对奉天殿戒严。负责管理皇室用具的官员奏请皇帝在谨身殿穿好衮冕服，皇太子、诸王在奉天殿门东耳房穿好冕服。通事舍人引导文武官员进入奉天殿丹陛北边的位次上站立，引导受赏官进入大殿，站立在丹陛西南设立的侍立位次上。侍仪奏请皇帝下令对奉天殿周围进行戒严，皇帝乘坐御舆向奉天殿进发，仪仗队行动时，乐队开始奏乐，侍仪在前面开道、后面随从。

升座赞礼

皇帝到奉天殿升坐御座，卷帘将军卷帘，鸣鞭鸣过静鞭后，乐队停止奏乐。报时官报过时间后，引导官员引皇太子、诸王从东门进入奉天殿，乐队奏乐，由东边的台阶登上大殿站立在侍立位次，乐队停止奏乐。通事舍人引导受赏官进入拜位，知班高唱："班齐！"殿中所有人员都站齐班次。赞礼唱："鞠躬！"乐队奏乐，文武百官向皇帝行鞠躬礼，并随赞礼官的唱喊声行四拜礼后平身，乐队停止奏乐。承制官前行，跪倒在地，向皇帝请诏，得到诏旨后，就从大殿中门出去，从中间的台阶下去，来到宣制官身旁。吏、户、礼部尚书由西门出从西边的台阶下去，站立在诰命、礼物案东边。承制官面南而站，说："皇帝有旨！"赞礼官高唱："跪！"受

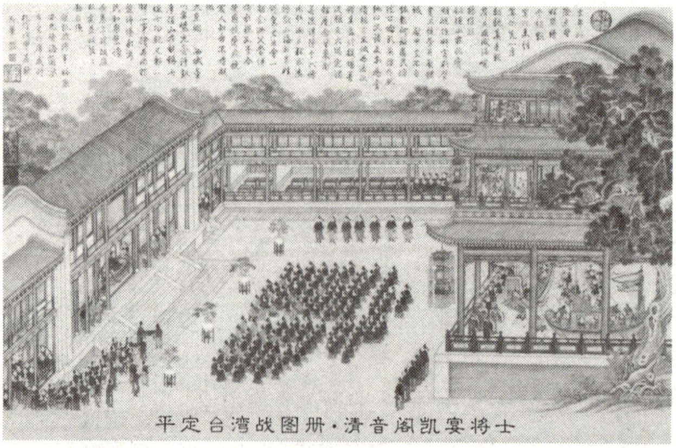
平定台湾战图册·清音阁凯宴将士

赏官都跪下，承制官高声宣读诏旨说："朕嘉奖某等为国建功，应加授爵位、赏赐礼物，现在授某人某官职，赐某物，你们要一起接受朕的诏命。"宣读完毕，赞礼官高唱："俯伏！"乐队奏乐，受赏官随声而动，行两拜礼后平身，乐队停止奏乐。

赞礼官高唱："行赏！"通事舍人引导受赏官中的第一位来到诰命、礼物案前。赞礼官高唱："跪，举笏板！"受赏官随声而动。吏部尚书捧诰命、礼部尚书捧礼物授给受赏官，受赏官接受诰命、礼物后，交给跪在受赏官左右两面的随员，随员跪着接受诰命、物品后，起身退回原位。

赞礼官高唱："举笏板！俯伏！平身！复位！"受赏官随声而动，在通事舍人引导下复归原位。之后，其他受赏官也按此仪式一一受赏。

礼毕谢恩

赏赐完毕，承制官，吏、户、礼部尚书从西边的台阶登上大殿，从西门进入大殿，跪在皇帝御座的西边，启奏说："已经按您的旨意进行完毕。"皇帝准奏，他们起身复归原位。赞礼官高唱："鞠躬！"乐队奏乐，百官行鞠躬礼，并随赞礼官的赞唱声行四拜礼后平身，乐队停止奏乐。赞礼官又高唱："举笏板！三舞蹈！跪！高呼万岁！万岁！万万岁！"百官随声而动，乐工、军校也随声高呼："万岁！万岁！万万岁！"万岁声地动山摇，响彻整个奉天殿。

随后文武百官又在乐队的伴奏下，俯伏，举笏板，行四拜礼，平身，乐队停止奏乐。赞礼官高唱："礼毕！"侍仪跪倒，奏请皇帝仪式结束，皇帝准奏，鸣鞭鸣过静鞭后，皇帝登上御驾，乐队奏乐，侍从警戒，导引皇帝到达谨身殿后，乐队停止奏乐。引进官引导皇太子、诸王还宫，通事舍人引导受赏官员和其他文武百官按次序退出奉天殿，来到午门后，把受赏官员接受的诰命、礼物放到龙亭，然后由仪仗队、鼓乐队分别送到各受赏官家。

巡幸礼仪

巡，意为往来视察；幸，指天子驾临某地。中国古代的最高统治者为了威慑四方，统御臣属，祭奠神灵，观察各地风俗，了解民情，或游山玩水，经常离开京师，巡幸、视察各地。为了使这一活动合于礼法，历代统治者巡幸时都要举行一系列典礼或礼仪活动，这样历代相互沿袭，就形成了一种制度。

康熙帝南巡图卷·济南免赋（局部）

《礼经》 关于巡幸制度，《孟子》、《礼记》、《史记》都有记载。《孟子·梁惠王下》明确指出："天子适诸侯曰巡狩，巡狩者，巡所守也。"《礼记·王制》则更明确地指出，天子每五年巡视诸侯职守一次：在巡守年的二月出发，向东巡守到达泰山，焚柴祭天，遥望并祭礼名山大川，接见诸侯，访问有无百岁老人，到老人家中去探望。命乐官之长演唱采集到的诗歌，考察民间风俗。命管理市集的官吏报告物价的贵贱，观察人民的好恶，志趣是否奢华，爱好是否邪僻。命典礼官的下属官吏校订当地的季节、月份、日、时，统一律法、礼仪、乐则、文物制度、衣服样式，都要有标准。对山川神祇的祭祀有不举行的，就是不敬，如有不敬的，要削减国君的封地；宗庙有祭祀失时或变乱昭穆次序的，就是不孝，如有不孝的，要贬降或废除国君的爵位；改变礼仪、音乐的，就是不从，如有不从的，就放逐国君；变革制度及衣服样式的，就是背叛，有背叛的，要声讨国君之罪。有功德施及人民的，加封土地或赐爵位。

五月，向南巡守到达南岳，举行与向东巡守相同的礼仪。八月，向西巡守到达西岳，举行与向南巡守相同的礼仪。十一月，向北巡守到达北岳，举行与向西巡守相同的礼仪。巡守归来，用牺牲祭告于祖、父之庙。天子将要出巡，先举行祭告天地和宗庙的礼仪。诸侯将出国朝见天子或与其他诸侯会盟，要祭地和宗庙。

《左传》 据《左传·隐公八年》载："郑伯请释泰山之祀而祀周公，以泰山之祊易许田。三月，郑伯使宛来归祊，不祀泰山也。"由此可知，郑国在鲁国附近曾有一块叫作祊的汤沐之邑，用来帮助祭泰山之用，到郑庄公时，有的人看到周王泰山之祀已废，因而产生了"以祊易许"的想法。这至少说明，西周诸王巡守东方，并致祭泰山，是周王朝的定制，进入春秋，随着王室陵替，礼制才日渐崩坏了。

西周最热衷于巡幸活动的当推周穆王。据春秋人郑丹说，穆王曾打算"周行天下"，使各地"将皆必有车辙马迹焉"，只是因祭公谋父作"祈招之诗”以止王心，他才“获没于祗宫”。据考“祗宫”在华县的“南郑”。以此看来，他的行事与后来死在巡守路上的秦始皇相差不多。因此屈原在《天问》中就特别提出：“穆王巧梈，夫何为周流，环理天下，夫何索求？”而《史记·赵世家》说：“缪王使造父御，西巡守，而徐偃王反，缪王日驰千里马，攻徐偃王，大破之。”《左传·昭公四年》也有“穆有涂山之会”的说法。涂山旧说在安徽寿县，似穆王破徐后曾会诸侯于此，以威慑东南的夷人。

另一个巡守事迹比较显著的周天子是昭王。《楚辞·天问》说：“昭后成游，南土爰底”，《宗周钟》称颂他“勤疆土”，并说当他巡视到南方时，“东夷、南夷具见，廿又六邦”，显然，其南巡活动曾卓有成效。

周因夏礼 西周的巡幸制度很可能不是周人的发明创造，而是夏商巡幸制度的延续。据《左传·哀公七年》“禹合诸侯于涂山，执玉帛者万国”的记载，与周昭王南巡，“东夷、南夷具见”的活动都应是讲巡幸的无疑。而《左传·昭公四年》“夏桀为仍之会”，“商纣为黎之蒐”中的“会”与“蒐”也只不过是巡幸的别称。而甲骨文中提到“王步于某”的卜辞也很多。由此来看，可能当时的王都与穆王相似，统统怀有欲使其车辙马迹遍于天下的雄心。《天问》在问各代史时，在夏、商也分别提到：“禹之力献功，降省下土四方，焉得彼涂山女，而通之于台桑？”“成汤东巡，有莘爰极，何乞彼小臣，而吉妃是得？”这说明屈原对夏、商两代的巡幸制度有相当多的了解。

发展气善

秦代巡幸制度更趋完整。秦始皇六合天下、一统全国后，自认为功过三皇，德超五帝，为宣扬其功德，曾巡游各地，东登泰山，南临琅琊，到处刻石记功。在这一过程中，他也曾巡访被孔子认为保留周代礼乐制度最完备的鲁国，向诸儒问礼，但因诸儒门派林立，说法不一，使秦始皇感到无所适从，难以采用，于是抛弃周礼，自己随心所欲地创立了一套巡幸礼仪。后代统治者们大多数以为秦始皇巡幸时率领的人马太多，浪

康熙帝南巡图卷·泛舟长江（局部）

费严重，而所行礼仪又太粗疏难以适应礼法要求，因此他们又根据典籍记载的前代巡幸礼仪，进行了必要的修订补充。唐开元年间，巡幸礼仪初具规模。到清康熙、乾隆二帝时，由于他们不时出巡各地，经常南游江浙，北巡漠北，东临盛京，西幸宁夏，随时驾临畿辅要地和避暑胜境，皇帝巡幸礼仪才真正完备起来。

巡幸前，首先由有关部门依据干支计年，按历法推算出起驾的黄道吉日，或根据过去皇帝出巡的旧制，确定好固定的出巡吉日，然后皇帝下诏有

康熙帝南巡图卷·回銮京师(局部)

关部门准备有关事宜，通知将要巡幸地区的地方官员做好准备，修好御道。御道的规格一般是：路面要坚实、平整，不得随意弯曲。路帮宽三尺，中心马路宽一丈六尺，两旁马路各宽七尺。

起驾的前一天，皇帝要斋戒洁身，起驾前要率领有关官员祭告昊天上帝与太庙、社稷，以此来表达“天子受命于天”、“君权神授”的神圣不可侵犯性。起驾时，皇帝身穿戎装，在仪仗队的簇拥下乘御舆出宫，侍卫近臣扈从前后左右，鸣锣开道。留守官员在太子或丞相的率领下或出午门、或出都城门送行。随同巡幸文武官员各按品次，戎装乘车、舆或骑马依次随圣驾出发。皇帝御驾所过城镇、村落，老百姓原则上都要回避，有时如经特别准许，妇女可以跪伏在道旁瞻仰圣容。

凡是皇帝巡幸经过地区方圆三十里内的地方官员，都要身穿朝服迎接皇帝，地方绅士、德高望重年老的百姓代表，都要跪伏在开阔地段，迎候圣驾，以备皇帝了解民情、观览省察风俗。其他官员、公差，如在行进途中遇到圣驾，都要下车、轿或马，停止前进，恭候圣驾经过，方可行进。

历代皇帝巡幸地方时，为了显示"万众归服"、"皇恩浩荡"的功德，体现朝廷威严，起到震慑不安定因素的作用，在巡幸途中，都要随时随地地举行各种典礼活动。综合而言，这些活动主要包括以下三大类：

祭祀　中国古代崇天敬祖、应命祈福的天命鬼神观念深入人心。历代最高统治者为了"顺天应命"，顺应民心，都非常重视各种祭祀活动。天子巡守时，不但要在起驾时祭祀昊天上帝、宗庙社稷，而且要对沿途路径的著名帝王陵墓和孔庙进行亲自祭祀，对各种神祇庙观，历代名人名臣的祠庙、坟墓都要派遣专门官员祭祀，以求诸神保佑，国泰民安，风调雨顺。

恩赏　皇帝对官员与百姓赏赐的物品可以说是"取之于民，用之于民"，但皇帝的取是天经地义、合理合法的，而皇帝的赏却是"皇恩浩荡"、"爱民如子"的美德的体现。因此，历代皇帝巡幸地方时，都要进行广泛的赏赐。这些赏赐归纳起来，大致可分为四类：第一，减免御驾所过州县老百姓十分之三的赋税；第二，减免御驾所过受灾、歉收州县老百姓当年十分之五的赋税，或免除百姓当年的全部赋税；第三，对所过地区的老年男子和妇女以及办理巡幸差务的兵丁、文武官员按等级进行不同的赏赐；第四，增加御驾所过地区的生员名额，颁赐书籍，减轻对罪犯的处罚。

阅武　阅武即在一些具有重要军事意义的军事要塞进行军事演习，以便向民众显示朝廷的武装实力，起到安定民心、震慑不安定因素的作用。参加阅武的兵丁数目、演习项目、持续时间都各不相同。从兵丁数目来讲，从二三百到两三千人各不相等；从项目来讲，步、骑兵主要是演习骑马、射箭、排兵布阵、击剑、角力等，水师主要有泅水、扒桅杆、排列阵式等。

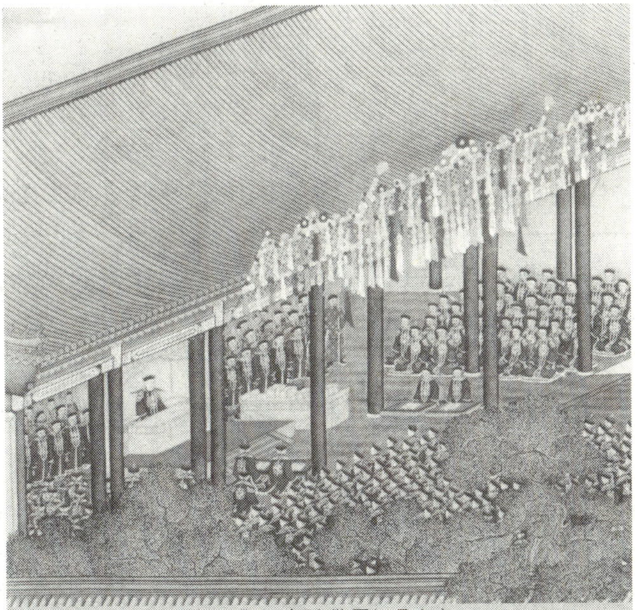
雍正帝临雍讲学图（局部）

皇帝巡幸途中举行的各种典礼活动，都要求仪仗、旗鼓齐备，参加者的仪容、服饰合乎礼仪要求。参加者都要向皇帝行三跪九叩大礼。如遇恩赏，所有的受赏人员都要向皇帝上表称谢。阅武结束后，地方官员不但要为皇帝备办犒赏参加演习的兵丁的酒宴，而且要上表称赞“天朝军威”，有时甚至要做诗、做文，赞颂皇帝的圣明与美德。如果有的地方绅士和商人想借皇帝巡幸到达本地区的机会，向皇帝进献物品、书画，应先向主管迎接皇帝的官员报告，并转托他们代为进呈，而皇帝在接受了进贡后，也要酌情进行赏赐，以示礼遇。

若有百姓想拦驾告御状，也要事先经过有关部门的批准，事先跪伏在御道旁。当御驾到来后，告状人员要把早已写好的诉状跪呈给随王伴驾的侍从大臣，由侍卫大臣转呈皇帝，皇帝阅过诉状后，再降谕旨，做出处理决定。但中国封建社会的许多朝廷都规定，原则上臣民告状都要按级按序进行，除非对上司裁决不服，而且冤情重大，才准许越级上告，否则擅自拦截御驾，以“冲突御驾”，冒犯皇威论处，所告诉状也不予受理。

视学礼仪

尊师重教

《国语·晋语》中说：“人生在世，要立于人世之间，必须有父母的生养，老师的教化。不如此，那么就无以为‘人’。”因此，即使古代的圣王，也不能没有老师。传说中的黄帝的老师是大尧，尧的老师是子州支父，舜的老师是许由，禹的老师是大成贽。而正史也曾记载，商汤以伊尹为老师，文王以吕尚为老师，齐桓公以管仲为老师，晋文公以狐偃为老师，齐威王以孙膑为老师，东汉明帝以大儒桓荣为老师。这些帝王对待自己的老师都礼遇有加。

汉明帝的老师桓荣，年过八十，明帝还不允许他退休。一次明帝驾临太常官署，召集百官和桓荣的学生数百人，请桓荣坐在西首面东的客位，为他摆设好老年人用的几案、手杖，明帝亲自捧书求教。学生中有人向明帝求教经书中的疑难问题，明帝谦逊地说：“大师在这里，怎么轮得到我来解答呢？”桓荣病重，明帝亲自去探病，为表示对老师的尊重，他刚走进桓荣所居的里巷，就下车步行。桓荣死后，明帝还换了素衣，临丧送葬。

御前经筵

宋代以后，为了培养皇帝研究经史、治国理政的能力，朝廷特设了御前讲席“经筵”。经，指经书。筵，本义为竹席，后引申为坐席之义。经筵之名始于北宋，但汉唐已有萌芽，到北宋正式形成制度。设经筵的主要目的是延请名儒、饱学之士为皇帝讲解儒学义理，灌输治国之道、安民之策。

宋朝规定：每年春季二月至端午节，秋季八月至冬至节为讲期，名称春讲、秋讲，由讲官轮流入侍进讲。宋明诸儒与统治者对经筵颇为重视，故有“君德成就责经筵”的说法。清以前，内阁大臣一般不兼任经筵讲官。从顺治九年（1652）起，开始以大学士知经筵事，以尚书、左都御史、大理卿等二人侍讲，进讲仪式是：先设御案、讲官案，放置好讲章及进讲副本，左放《四书》，右放《诗经》。届时皇帝御文华殿，讲官等对皇帝行三跪九叩礼，鸣选官宣布“进讲”，讲官就先后在讲席就座进讲。进讲完毕，皇帝发表御论，各官跪听、行礼。经筵结束后，皇帝亲临文渊阁，赐讲官座、赐茶，又在本仁殿赐宴。宴后，讲官谢恩。

清康熙十年（1671），康熙大帝认为：经筵仅在春、秋两季举行，间隔太久。于是，下令由翰林院延请饱学大臣与士人每天在弘德殿进讲，冬至、夏至前一天辍讲，称“日讲”。乾隆十四年（1749），因为“日讲”只进呈经史，渐成具文，无实际效用，就谕令停止进行。咸丰时，应曾国藩的请求，朝廷恢复日讲旧典，由翰林院、詹事府诸臣轮流进讲，皇帝亲自出题，臣僚撰写讲义，分日进呈皇帝御览。同治、光绪时，仍依此例。随着清王朝的覆没，这种御前讲座也就寿终正寝、灰飞烟灭了。

立教立学

中国古代的所谓英君明主，在立国建邦、君临百姓时，都以立教立学为先务。希图通过教化，确立一种尊卑有异、长幼有序、亲疏有渐、贫富有别的社会秩序和人伦关系，以此来保持稳定的社会结构和等级秩序，使上下相固，国祚永存。因此，他们不但要在朝廷设立御前讲座，而且在中央及地方设置了各级各类各不相同的学校，用来传授礼仪及儒家义理，替他们培养各类“教化”人员。

夏商时便有被称为“庠”、“序”一类的学校，这些早期学校，既是供族众乡民集会、议事与娱乐的场所，又是幼童接受师长的教诲训诫，学习成人生活与知识技艺的地方。西周时，学校发展为“国学”与“乡学”两大系统，而“国学”又分为“大学”与“小学”两个不同等级。大学指天子所设的辟雍与诸侯所设的泮宫，小学指宫廷贵胄小学和郊区贵族子弟小学。而“乡学”按闾、党、州、乡设置塾、庠、序、校。当时学子所习内容包括礼、乐、射、御、书、数等所谓的“六艺”。其中大学最受重视，大学的学生主要由十五岁以上的贵族胄裔组成，即《尚书大传》所列举的“王太子、王子、群后之子以至卿大夫、元士之嫡子”一类人物。

据《礼记·学记》记载，周代太学有一整套较为完备的礼仪伦理规定：太学开学时，太学负责人要身穿皮弁服，用芹藻祭先师，以此来表示对道艺的崇敬。演唱《诗经·小雅》中的《鹿鸣》、《四牡》、《皇皇者华》三首诗歌，作为开初学的教育。入学后，太学负责人击鼓召集学生，打开书箧，出示书籍等东西，使学生们能以谦逊、恭顺的态度对待学业。用夏、楚这两种木制的扑打学生的刑具来警戒、鞭策学生，使学生有所畏惧，能够自觉地约束他们的威仪。夏天不举行追祭始祖礼仪时，天子不到太学视察，使学生们情绪轻松，确立志向。教学时常提示而不讲解，使学生们自己能有所得。年幼的学生只能听讲，不得发问。

周代制定了严格的考校制度“比年入学，中年考校。一年视离经辨志，三年视敬业乐群，五年视博习亲师，七年视论学取友，谓之小成；九年知类通达，强立而不反，谓之大成。”大成之后，经有关部门选拔出优秀人才，要授予官禄。由此可见，周代的太学不但负有“教化”贵族子弟的责任，而且承担有为国家储备人才的义务。因此，天子要定期或不定期地去亲临视察。

学礼演化

春秋以后，社会急剧动荡，学在官府的局面被打破，孔孟、叔向、邓析等兴办私学的人越来越多。与此同时，曾称雄天下的齐国统治者“揽天下诸侯宾客”、“不任职而论国事”，创立了“稷下学宫”，前后历时一百四十多年，繁盛时学宫达“千有余人”。这一由政府创办的讲学辩说、传道授业的场所，在齐威王、齐宣王时达到了鼎盛时期，四方学士汇聚，不治而议论，田齐统治者对其中的优秀人物常常授予“博士”、“学士”称号，或赐列第为上大夫，也表现出了最高统治者对“礼仪教化”的重视态度。

汉武帝时重兴太学，至成帝时，太学弟子已至三千人。东汉开国皇帝刘秀，由一介书生变为至高无上的皇帝，自然也知道学校教育的重要性，不但立国不久就下诏修太学，而且在建武五年(29)十月，太学建成后，还亲自前往视察。建武十九年(43)，刘秀又亲临太学，“会诸博士论难于前，(桓)荣被服儒衣温恭有蕴藉，辨明经义，每以礼让相厌，不以辞长胜人，儒者莫之及，特加赏赐。又诏诸生雅吹击磬，尽日乃罢”。除了洛阳京师太学外，地方郡国也纷纷办学，班固《东都赋》形容此时的盛况时说“四海之内，学校如林，庠序盈门，献酬交错”。

汉明帝时，皇帝不但经常亲临太学，封经学大师为侯，本人还亲自到太学讲学。汉顺帝时重修太学“凡所造构二百四十房，千八百五十室”。五胡十六国时期，后赵石勒曾“亲临小学，考诸学生经义”。后秦苻坚“广修学宫”，“亲临太学，考学生经义优劣，品而第之。问难五经，博士多不能对”。北魏道武帝初定中原，“便以经术为先，立太学，置五经博士生员千有余人”。孝文帝更是常在清徽堂、苑堂给群臣讲经，或亲临皇宗学“亲问博士经义”。南朝的宋文帝，不但下令重建国子学，命皇太子到国学讲《孝经》，而且还亲临国学策问儒生五十九人，给予奖励。梁武帝也曾两次亲临国学策试学生，并明令太子到国学行释奠礼。

唐太宗更是重视学校教育，早在做秦王时，就开文学馆，设十八学士。贞观二年 (628)又下诏停周公为先圣，而以仲尼为先圣，颜子为先师，恢复学校中祭孔的仪式。并多次亲临国学，听祭酒、博士讲论，甚至曾与孔颖达辩论曾参与闵子谁孝。此后科举盛行，学校更受统治者青睐。北宋开国伊始，赵匡胤就在后周国子监原址增修学舍，并“聚生徒讲学”。招收包括低级官员在内的寒素子弟学习。

明太祖朱元璋依靠儒生出谋划策，夺取天下，更是深知办学的重要性。因此，洪武元年(1368)就驾幸太学，行释奠礼。洪武十五年(1382)又亲定视学仪制，并在国子监颁布学规。清初世祖顺治皇帝就亲临国子监行释奠礼，定视学仪，康熙八年(1669)又重颁视学礼仪。因此，历代皇帝临雍视学礼仪中，以清代最为完备，也最具代表性。

临雍学礼

所谓临雍视学礼仪，是指天子亲临辟雍视察时举行的礼仪。雍，本系沼池，《诗·颂·振鹭》“振鹭于飞，于彼西雍”，毛注“雍，泽也”。周天子设射宫于王城南郊，周围为水泽环绕，外围有森林包围，故称之为雍，或辟雍。辟雍是周初太学的别称，即中央政府设立的最高学府，汉代以后，以传授儒学经义、培养政府官员为主要任务。中国古代的多数帝王，为了显示自己对儒学的尊重以及对礼仪教化的重视，都要定期或不定期地视察太学。为了使帝王的视察活动能合于礼仪，服务于教化，历代都要在帝王视学时举行一定的礼仪。各代所行礼仪并不完全相同，但总的来说，社会越发展，礼仪形式越完备。因此，清代的视学礼仪堪称中国古代最完备、最具代表性的礼仪。

上表 视学前，内阁或其他有关部门草拟有关儒学经典的讲章或礼仪规范进呈皇帝御览，请皇帝裁定。

斋戒 视学前一日，皇帝在宫中斋戒，陪同视学、释奠的王公大臣在府第斋戒。视学日，太学祭酒、司业等率领学生清晨即起洒扫厅堂。衍圣公、五经博士、圣贤后裔、官学师生、进士、举人等身穿礼服，前往观礼。

设座 太学祭酒会同有关部门官员在彝伦堂或辟雍殿内设黄幄御座，座前摆放御案，左右两旁设置讲案。按礼制规定，中国古代君主不以对待臣下的态度来对待臣下有两种情况：一是当臣做尸的时候；一是当臣做君主老师的时候。因此太学学规规定，大臣即使给天子授课，也不面北居臣位。所以，不但在经筵御讲时主讲者不面北称臣，而且在皇帝视察太学时，讲案也只能设在皇帝御案的左右两旁，而不设在面北的位置。然后由祭酒将讲章、进讲副本按照《书》左、《经》右的要求，分别放置到左右两旁的讲案上。

典礼 皇帝身穿礼服，在仪仗、护卫的导从下，乘御舆前往太学。太学祭酒、司业率领官学诸生跪在成贤街左边迎接御驾。皇帝到达国学，在彝伦堂前的黄幄御座上休息时，有关官员要在大成殿为皇帝安排好拜褥，然后礼部官员引导皇帝由大成中门进入大成殿，并从中间的台阶登上大殿，来到设有"至圣先师孔老夫子"的牌位前，面北而立。王公大臣等陪祀官员，跟随在皇帝后面，从左右二门进入大成殿，从左右两边的台阶登上大殿，面北排列在皇帝左右两边。典仪、唱乐、舞生等办事人员各就各位。

典仪高唱："奏乐。"乐队开始演奏《迎神乐》。通赞官高喊："跪！叩头！兴！"皇帝对着孔子的牌位行二跪六叩头礼，其余陪礼官员也随之行礼。礼毕，乐队停止奏乐。典仪高唱："行释奠礼！"乐队奏乐。献帛官跪在皇帝右边，捧着帛恭敬地进献给皇帝，皇帝站着接过帛，然后面对至圣先师牌位，拱手行献帛礼。礼毕交给献帛官，献帛官跪着接过帛，站起身来到先师牌位前，将帛献于先师牌位前。献爵官跪于皇帝右侧，捧着爵恭敬地进献给皇帝，皇帝站着接过爵，然后面对至圣先师牌位，拱手行献爵礼。礼毕交给献爵官，献爵官跪着接过爵，站起身来到先师牌位前，将爵献于先师牌位前。接着，东西四配、两廊十哲分献官九员，按次序向四配、十哲献爵、释奠。献爵结束，乐队停止奏乐，献官各归原位。典仪高唱："送神！"乐队奏送神乐，皇帝与陪祀王公大臣再向至圣先师行二跪六叩头礼。礼毕，典仪高唱："捧帛恭送燎炉！"献帛官来到至圣先师孔子牌位前，一跪三叩头捧帛由大成殿中门出，把帛送入燎炉内。赞引官启奏皇帝礼毕。导引皇帝由大成殿中门出，乐队停止奏乐。

升座 皇帝来到彝伦堂前的黄幄内更换衮冕服，诸王站在大成殿门前等候。陪祀官员及衍圣公、五经博士等先期进入彝伦堂，在堂阶下东西分班按次序站立。祭酒、司业率领太学其他职员与学生一起在太学门内阶下，东西分班，按次序站立。一切准备就绪，礼部堂官奏请皇帝幸彝伦堂。

太极殿

皇帝出黄幄，来到太学门外，乘辇再进入太学门，诸王在后随行，文武官员与太学生都跪着迎候圣驾。皇帝经过后，他们才能起立。皇帝到达彝伦堂后，升坐御座。诸王站立台阶之上，文武官员、衍圣公、五经博士、太学祭酒、学官、学生东西分班，侍立在台阶下，向皇帝行三跪九叩头礼。礼毕，皇帝赐座。

讲学 诸王叩头谢座，文武官员、衍圣公由左右门入堂，叩头谢座。然后由太常或鸿胪寺官员高唱："进讲。"太学祭酒、司业由左右门入堂，面北而立。皇帝赐座，祭酒、司业叩头谢座。祭酒面西就座于东讲案后，司业面东就座于西讲案后，然后依次宣讲。有的朝代则先请皇帝宣讲，如唐太宗李世民、汉明帝、北魏孝文帝都曾亲临太学讲学。五经博士、学官、学生等都拱手站在堂内听讲。讲毕，群臣与太学生跪着听皇帝训示。有的皇帝则向讲官问难、辩疑。

甘露元年(265)，魏帝曹髦幸太学，曾向博士淳于俊问难《周易》。又《旧唐书·礼仪志》载，贞观十六年(642)，唐太宗幸太学听完祭酒孔颖达讲《孝经》后，向孔颖达问难说："孔子的弟子中，曾子和闵子都以大孝著称，现在为什么只讲曾子的孝道而不讲闵子的孝道呢？"孔颖达回答说："曾子在孝道方面可以称得上是登峰造极了，故我要宣讲曾子的孝道。"太宗反驳说："我曾听人说《孔子家语》有这样的记载，一次曾参之父曾皙让曾参锄瓜，曾参锄断了瓜蔓，其父大怒，就用大木棍打他的背，曾参被打倒在地，过了一会儿才苏醒。孔子听说这件事后，对他的门徒说，一会儿曾参来了别让他进来。曾参求教老师为何如此。孔子训诫他说：'舜侍奉父母时，他的父母让他常在身边，并时刻想杀他。舜既善事父母，又只受父母的小责罚，当父母用大木棍打他的时候，他就逃走了。现在你在父亲大怒时不逃走，让他把你打得昏了过去，这是陷他于不义之地，也是你最大的不孝。'由此来看，怎能说他比闵子骞更孝呢？"孔颖达不能回答。

太宗于是对随从官员、学官、学生们说："有些儒生讲孝道，但不理解圣人所说的孝的本质，结果总是牵强附会，劳而无功。我认为，所谓的孝就是要善待父母、忠于国君，与朋友以信相处，遇到战阵能英勇无敌，扬名显亲。"

升辇　皇帝赐群臣茶，群臣受饮。饮毕，皇帝升辇，乐队奏乐，皇帝在仪仗导从的护持下离开太学还宫，太学祭酒率领学官、学生跪送皇帝，待皇帝行远后各自起立。

恩赐　皇帝视学后的第二天，太学祭酒、学官、太学生都要上表感谢皇帝亲临督导的恩德，表明今后要努力从事学业的态度。皇帝赐衍圣公及其他官员在礼部用宴，并赐衍圣公、祭酒、博士、司业、助教等衣物，赐太学生钱各有等差。

历代帝王为了显示自己对文化、教育事业的重视，倡导教化百姓循规矩、守礼法，形成良好的社会风气，同时也为了笼络儒生这个封建社会最重要的官僚后备军，引导社会舆论为自己的统治服务，都非常重视视察太学、尊孔。有时为了加强对思想界的控制，有些皇帝还专门召集天下名儒讨论儒家经典，并亲自裁定经义，如"白虎堂之议"和"石渠阁"之会，即是如此。

雍正帝祭先农坛图(局部)

统治者如果善于引导、利用,就可使太学成为自己的有力工具,如汉武帝、唐太宗等;如果不善于引导,不注重文化、教育事业,就会使太学成为反对自己统治的中心、推翻现行政权的指挥部,如东汉末年的太学"清议"与"党锢之祸",明末的"东林党人"与"复社"就是这样。

籍田礼仪

中国古代社会是一个以农为本的专制主义社会,农业是国家和人民赖以生存的根本,"靠天吃饭"是农业生产状况的基本写照。"君权神授"是被统治者大力提倡,深入人心的基本观念。这就决定了皇权在社会生活中无可代替的神圣不可侵犯性。

政治意义

中国古代的统治者都很重视农业生产,把农业生产视为"本业",认识到"国以民为本,民以食为天"、"政之本,在乎农桑"。为了表明他们对农业生产的重视,"劝民农耕",一些王朝的统治者还制定了纳粟"拜爵"、"捐官"、"免罪"等政策,把生产粮食的多少作为做官、免罪的一个重要条件。从传说中的唐虞开始,历代统治者为了表明自己对农业生产的重视,标榜自己参加农业生产的形象,几乎都要在每年春耕之际举行规模盛大的籍田礼仪。

具体内容

到周代时籍田礼基本上初具规模，此后历代帝王在举办籍田礼时，都有所因革损废，但基本内容没有太大的差别，大致可以归纳为以下几部分：

造日 每年春天正月时，帝王都让有关部门选择黄道吉日，作为籍田日。

造址 籍田日选定后，有关部门要准备好举行籍田礼仪的耕籍器具、种子，划定籍田地点，并先期在举行籍田的田地中设立行宫、御帐、亲耕台、观耕台等，准备好祭礼社稷、先农的有关事宜。

斋戒 举行籍田礼的前一天，帝王与陪耕及陪同祭礼先农的诸侯、王公大臣斋戒一天。举行籍田礼这天早晨，天色将明未明之际，皇帝身穿衮冕礼服，在仪仗、卤簿的导从护卫下，乘玉辂到社稷坛、先农坛进行祭祀，以便祈求天、地、祖宗诸神能保佑他治下的国土风调雨顺，喜获丰收。祭祀结束后，皇帝乘玉辂还宫，更换常服，稍事休息。随从王侯、公臣、百官也更换常服，然后随从皇帝至籍田所在地。

躬耕 帝王在导从官引导下，乘玉辂到达籍田所在地后，面南站立在耕籍位置，从耕的王公大臣散布在皇帝左右两翼，各自站立在自己的耕籍位置，观耕的王以下文武大臣、百官都站立在划定的位置。一切准备停当后，赞礼官高唱“进耒耜”，户部尚书或司农面北而跪，向皇帝进献耒耜。皇帝接过耒耜后，赞礼官又高唱“进鞭”，顺天府尹或籍田令面北而跪，向皇帝进献鞭子。皇帝接过鞭子后，乐队奏乐，皇帝挥鞭，三推耒耜。皇帝停止推耒耜，乐队停止奏乐。有关官员手捧装有五谷、豆种的青箱播撒种子，覆土埋种子。

户部尚书或司农面北而跪接受耒耜，顺天府尹或籍田令面北而跪，接受鞭子。然后皇帝登上亲耕台训誓说：“我亲自籍耕农田，并不仅仅是为了遵循古礼，而是希望臣僚百官们都能认识到，农业是关系到国家生死存亡的重要命脉，一定要重视农业生产，劝民努力从事农业生产劳动。普天下的百姓们也要以农业为本业，积极参加农业生产劳动，力求农业生产获得大丰收，因为只有这样，才能民富国强。”参加籍田礼仪的文武百官、黎民百姓都欢呼祝贺。

赞礼官请求皇帝准许从耕王公大臣籍田，皇帝准奏，移驾观耕台面南而坐。王公大臣各执耒耜、鞭子五推而止。有关官员手捧装有五谷、豆种的青箱撒种，覆土埋种。王公大臣退回原位站立。然后庶人百人，身穿青衣，手执耒耜、鞭子，挥鞭、赶牛、耕田。皇帝起驾到御帐休息。耕种结束，庶民及百官行三跪九叩大礼拜见皇上。皇上还礼后，起驾回宫。

赏赐 皇上在仪仗护从下还宫后，接受文武百官的恭贺，并赏赐从耕庶人每人布一匹，籍田礼宣告结束。

后妃篇

HOUFEI 后妃

中国封建社会长达两千多年，皇帝拥有至高无上的权力，皇帝的妻妾也享有无上尊荣。然而这些浮饰繁华的背后，不仅有脂粉之香，也充满了激烈的社会矛盾和政治斗争。

民间选美

中国皇帝选妃立后，在历朝历代都是一件隆重而盛大的事情。选妃标准高，程序繁杂细密，充满了神秘感。汉代具有制度意义的最主要的选妃形式为选纳，由太后主持，在全国范围内进行。由于对被选对象的家庭出身、年龄、相貌等有严格而详细的规定，还有专门的相工负责审阅相貌，所以，人们又称选妃为“选美”。

永建三年(128)，年满十四岁的东汉顺帝刘保，下令在全国范围内广选美女以充后宫。按照汉朝惯例，选取宫女的时间定在农历八月，人选限于“良家童女”。所谓“良家童女”就是非医、非巫、非商贾、非百工出身的少女，年龄在十三岁至二十岁之间。相貌要求也比较严格，要姿色端丽、吉祥和顺。

乘氏侯梁商之女梁妠这年正好十三岁，与姑姑俱在被选之列。大选这天，梁妠与姑姑早早妆扮停当，等候负责相面的相工前来。

这次负责面试的官员名叫茅通，他先看了梁妠的姑姑，甚为满意，不觉颔首赞许。待梁妠来到茅通面前时，茅通不觉流露出惊异的神色。他仔仔细细端详了一番，只见梁妠面如满月、目若点漆、清新亮丽、光彩照人，年龄虽小，却落落大方，举止有度。茅通心中暗暗称赞，便让梁妠说几句话让他听听。梁妠毫不怯场，语音优美，言辞得体。茅通听完，面露喜色，拱手拜贺道：“细观相貌，为大富大贵之相，臣前后所见美女无数，还从未见过如此

贵相。”

此次选美，梁妠与姑姑同被选中，姑侄二人携手步入宫廷。

被选入后宫的良家童女，都希冀着被皇帝看中，然后一步登天，成妃封后。但入宫只是通过了“初选”，要想得见龙颜，还得再进行一次由皇太后主持的“宫选”，被挑中者才可获得皇帝面选和受赐封号的机会，并有进一步晋升的可能。而落选者就只能在宫中做一个洒扫庭阶的普通宫女或侍女。因而初入宫的佳丽们，人人心存侥幸，都在焦虑不安中等待着“宫选”的日子。

经过严格的进一步筛选，梁妠以天生丽质和优雅得体的举止、出众的才学再次入选。她的姑姑也荣幸地被选中，姑侄二人同被赐予“贵人”的封号。

东汉宫闱制度与西汉相比已有一些差别。后宫封号远不及西汉时名目繁多，六宫封号只有皇后和贵人，贵人金印紫绶，俸不过粟数十斛。另外还置美人、宫人、采女三等，并无赏爵。

梁氏姑侄得赐封号，真可谓双喜临门，令人称羡不已。人们为了将二人区别开来，同时也为了称呼上的方便，就称梁妠为“梁小贵人”，称她的姑姑为“梁大贵人”。

梁妠自幼在家庭熏陶下，爱学习，好读书，九岁时便能背诵《论语》，还学得一手好女红。尤其令父亲欣慰的是，梁妠不仅才貌出众，而且品行更佳。她小小年纪，就非常仰慕古时那些贤淑女子，常把她们的画像放在床头枕边，一有空就出神地细细观赏，并时时用她们的事迹来激励和劝诫自己。待年龄稍长，梁纳行为端庄大方，举手投足之间流露出一种识大体、明礼仪的淑女风范。

由于从小就注重品德修养，梁小贵人在宫中很快就显示出了与众不同之处。她年纪虽轻，却端庄大度，行止有礼。顺帝刘保嫔妃成群，却对梁小贵人情有独钟，常到其居处过夜。

在封建皇帝的后宫里，一群被扭曲了人格、人性的嫔妃们，无不邀宠争幸，相互间争风吃醋，无所不用其极，演出了一幕幕闹剧和悲剧。身居后宫的梁小贵人梁妠却不然，见顺帝迷恋自己，就婉言相劝道："妾以为，阳以博施为道，阴以不专为义。后妃若能有气度，不嫉妒，不专宠，使皇上子孙众多，才是国家之福。愿陛下平等对待众妃，让众妃都有机会接受皇恩沐浴。这样一来，众人自然高兴，妾也可免遭众人的诽谤。"

顺帝见梁小贵人如此明大义，不由得对她又添了几分敬意。

转眼间四年过去了，顺帝刘保已年满十八岁，群臣上书，请求立皇后。按顺帝的旨意，皇后就在贵人中挑选。当时受顺帝宠爱的贵人有四个，每个都令他神魂颠倒，难以定夺。

顺帝思之再三，还是拿不定主意，不觉心烦意乱，信步走到神龛面前。看着威严而充满神秘感的神像，顺帝忽然来了灵感："何不将四个贵人的名字写于神签之上，然后抽签，由神来帮助自己选定皇后呢？"

主意已定，顺帝便下诏要群臣发表意见，看此法是否可行。尚书仆射胡广与尚书郭虔、史敞上书谏阻道："窃见诏书，陛下谦虚，以立后大事，不欲自专，打算借助于神灵，以神签来决定。臣以为，篇籍所记与祖宗典故，皆未曾有此先例。恃神卜筮所定之皇后，未必是最贤良之人；若恰巧立了一位称职的皇后，也不是因德而立，只是偶尔凑巧所立。臣以为，皇后的选立，应先看谁最有才德；才德相埒，再看年龄，以年长者为先；若年龄相同，再看谁相貌最佳。请陛下圣虑断之。"

顺帝看了几位大臣的上奏，认为言之有理，遂收回成命，下令照几位大臣建议的方法慎选皇后。

经过一轮轮的考评、比较，皇后人选终于揭晓了：出身高贵、才德兼备、谦恭大度而又天生丽质的梁小贵人梁妠，成了当朝母仪天下的皇后。如释重负的顺帝喜气洋洋地来到德阳宫的寿安殿，诏宣天下，立梁妠为皇后，又举行了隆重的册封皇后仪式。梁小贵人终于入主中宫。

选后标准

北宋时期，皇家的选妃制度已很完备了。汉代的那套制度保留继承下来不说，还增加了不少繁文缛节。宋代特别重视妇女的贞节，选妃时有专门的医工检验少女的全身。被选少女必须展露玉体，由经验丰富的医工检验，看其皮肤是否细嫩光洁，有无疤痕。医工检验的重点是验看被选少女是否为处女，皇宫对此要求甚严，来不得半点马虎。被选中的少女入宫后，可得到相应的封号，成为后宫的嫔妃。

宋仁宗朝，后宫的名位和数量已基本上形成定制：第一是皇后；第二是夫人，有四妃即贵妃、淑妃、德妃、贤妃，正一品；第三为十七嫔即太仪、贵仪、淑仪、淑容、顺仪、顺容、婉仪、婉容、昭仪、昭容、昭媛、修仪、修容、修媛、充仪、充容、充媛，皆为正二品；以下还有婕妤，正三品；美人，正四品；才人，正五品；贵人，无品。

宋哲宗十七岁时，高太皇太后选拔了百余名出身望族高门的妙龄女子入宫，要从中选出一位母仪天下的皇后，然后为哲宗举行大婚。

在皇帝庞大的后妃群中，皇后是皇帝的嫡妻，又称中宫娘娘，享受着三大特权：符信用玺，封地食邑；坐列专席，舆用法驾；梓宫合葬，祭祀配享。皇后所生子为嫡子，例应封为太子。皇后的亲属也可得到荫封。因此，选立皇后标准也最为严格，程序最为复杂。

高太皇太后为宋哲宗选皇后，自有她的挑选标准。在她看来，家庭出身是至关重要的。

最先被高太皇太后看中的是宋仁宗朝战功卓著的大将狄青的孙女，这女孩模样好，温柔端庄，出身显赫，年龄也合适，是非常理想的人选。但再细究，发现问题了：原来狄氏非嫡出。

在封建社会中，即使是出身豪门望族的女孩儿，若不是嫡出，在婚姻上也会受到相当的影响。一般的人家婚姻尚且重视女方是正出、庶出，更不要说皇室要选一个母仪天下的皇后了。狄氏各方面条件再好，只因庶出这一条，高太皇太后也只好忍痛割爱了。

高太皇太后又选了眉州防御使兼马军都虞侯孟元的孙女。孟氏论出身无可挑剔，人又生得文静，高太皇太后和向太后两人都很满意。不过孟氏也有美中不足之处：一是相貌平平；二是年龄稍大，比哲宗大了差不多五岁；三是出身将门，在闺范礼节方面知之不多。对此，二位太后认为，相貌平平，年龄稍大，算不上什么大缺点，可以忽略不计。至于不懂闺范礼节，可以勤加训导。这不同于狄氏非嫡出的缺陷，那属于先天不足，无法弥补。

紧张的培训工作开始了，高、向二位太后齐上阵，一言一笑、举手投足，无不悉心指导。就连倒着走、侧着行，都言传身教，手把手地教。孟氏也很争气，悉心学习，很快就掌握了妇道礼仪的内容和形式，举止优雅得体，与刚入宫时大不相同，令二位太后深感欣慰。

元祐七年(1092)四月,高太皇太后向大臣们宣布:“孟氏能执妇道,可正位中宫。”

在筹备婚礼的过程中,高太皇太后嫌大婚仪礼过于简略,特下令要翰林、台谏会同礼官议定一套正规的大婚仪礼。新议定的六礼包括纳采、问名、纳吉、纳成、告期、亲迎等各个环节,礼节周密繁杂。

高太皇太后还指定由朝廷重臣担任六仪的主持:尚书左仆射吕大防、向知枢密院事韩忠彦担任正副奉迎使;尚书左丞苏颂、签书枢密院事王岩叟担任正副发册使;尚书右丞苏辙、同知大宗正事赵宗景任正副告期使;判大宗正事高密郡王赵宗晟、翰林学士范百禄任纳成使;吏部尚书王存、代理户部尚书刘奉世任纳吉使;翰林学士梁焘、御史中丞郑雍任正副纳采问名使。

能工巧匠们夜以继日地打造金银器皿,织造锦衣绣裳,装饰宫殿洞房。各类执事人员一遍遍排练实习,京师的百姓也忙着打扫卫生,准备灯笼彩旗。宫廷内外、上上下下都在为哲宗的大婚忙碌着。只等选好黄道吉日以后,就可举行盛大的、举国同庆的皇帝大婚礼了。

太史局为了慎重起见,查阅了大量历史文献,议定五月十六日是黄道吉日。但在道教理论中,五月十六日是天地交合之日,夫妻在这一天应该分居别寝,不然则不吉利,犯者会折寿。民间也把这一天定为忌日,不能举行婚礼。有人对太史局提出异议,太史局官员反驳道:五月十六日为忌日这一说法,只适合于普通小民,皇帝与皇后一乾一坤,犹如天地,正应在这一天交合。

小皇帝和他的生身母亲朱太妃对太史局选的大婚日期也心存忌讳。最后,还是大权在握的太皇太后高氏出面裁决:说五月十六日不宜举行婚礼,那只是民间陋习,并非典礼所载,不足为训。就按太史局选定的黄道吉日举行大婚礼。

北魏立后

弘始二年(400),北魏拓跋硅派北魏大人贺狄干带着五百匹好马作为聘礼,前往后秦求婚,讲好后秦女子过来之后做北魏的皇后。谁知北魏竟然食言,立了亡国的后燕国君慕容宝的小女儿为皇后。

当时,后秦国势还很强大,姚兴听到北魏言而无信的消息,怒不可遏,于弘始四年(402)派弟弟姚平率领四万大军前去讨伐北魏,结果在柴壁遭到北魏的猛烈进攻,后秦军四十余位大将和两万名战士被俘,四百余人走投无路,投汾水自尽。从此以后,后秦与北魏结下了不解之怨。

柴壁之战十二年后,即北魏神瑞元年(414),明元帝拓跋嗣派使者携带大量礼物,来到后秦,向后秦提亲,北魏皇帝拓跋嗣愿娶后秦国君姚兴之女西平公主为皇后。北魏又主动上门求亲,姚兴不能不慎重对待。此时后秦已非昔比,姚兴的健康状况每况愈下,国势减弱,内外交困。而北魏国势日趋强盛,兵强马壮,环伺四邻。后秦若继续与北魏抗衡,显然不是对手,而通过与北魏联姻稳定统治,倒不失为良策。经过反复权衡利弊,姚兴终于决定同意和亲。

姚兴主意已定,便将女儿西平公主召至病榻前,拉着女儿的手,讲述了北魏求亲之事,并痛心地回忆了十几年前两国因和亲而结仇的历史,对女儿说:"现在拓跋嗣主动向我们提亲,是两国和好的机会,我已经答应了北魏的使臣。好女儿,你就嫁到北魏去吧。"

西平公主美丽大方,又很有政治头脑。十几年前那次和亲的阴影不能不对她产生心理压力,如果这次北魏再言而无信,不让自己当皇后,自己的幸福与前途受影响自不待言,两国的关系会不会因此受到影响呢?她向父王提出了自己的疑问,而这也正是姚兴的疑虑,故无法正面回答她,只是摆摆手,对她说:"这事让我再认真考虑考虑吧。"

正在姚兴拿不定主意时,平阳太守姚成都回到了后秦的首都长安,姚兴连忙把他召至榻前,询问他对联姻北魏的看法。姚成都长期驻守在与北魏接壤处,对北魏的情况比较了解,认为两国结亲,和平相处,对后秦大有益处,便说服姚兴速做准备,与北魏和亲。

姚兴听从姚成都之言,立即将与北魏联姻的决定通知了西平公主,让她做好出嫁的准备,又派吏部郎严康为使者,出访北魏,两国正式约定了西平公主出嫁的具体时间和程序。

神瑞二年(415),后秦派东武侯姚敞、尚书姚泰护送西平公主来到北魏的首都平城(今山西大同)。拓跋嗣接受上次和亲的教训,以迎娶皇后的盛大仪式礼待西平公主,令西平公主和陪同前来的后秦官员获得了极大的荣耀。

拓跋嗣娶到西平公主后,立刻被她的美貌和端庄所打动,很想依约封西平公主为皇后。但按北魏的规矩,立皇后必须通过一个仪式,那就是铸金人,只有顺利地铸成金人,才被认为是吉利的,可以册立为皇后。拓跋嗣一想到此,不免担忧起来,想起了生身母亲的一段往事。

拓跋嗣的生身母亲李氏与慕容氏在十几年前就曾为争立皇后，进行过一次铸金人的比赛，李氏很紧张，加上一开始就不顺利，不由得手忙脚乱，额上沁出了汗水，最终还是未能铸成金人，输给了慕容氏。结果慕容氏成为拓跋硅的皇后，拓跋嗣的生身母亲却只能继续当她的贵人。后来，更大的不幸又落在了李贵人的头上。北魏统治者按汉武帝杀钩弋夫人而立幼子的故事，订立了严酷的制度：凡儿子被立为皇储，母亲一律被处死。因为拓跋嗣被立为皇储，她的生母李贵人即被处死了。想起母亲的悲惨命运，再想想西平公主前途未卜，拓跋嗣甚为忧虑。

按照北魏祖先的规矩，西平公主也要亲手铸一个金人，以检验她能否当拓跋嗣的皇后。那一天，西平公主的手气不太好，眼看大功就要告成了，却因一偶然失误而前功尽弃。她很伤心地含泪回到了后宫。同样感到失望的拓跋嗣连忙赶来安慰她，告诉她自己是真心希望她当皇后，一是因为喜欢她，二是因为对后秦提亲时的允诺。可是祖宗订立的制度不可违，就只好委屈她了。

西平公主深明大义，看着拓跋嗣焦急的样子，不由得慢慢平静下来。她想到这次自己没当上皇后，和十几年前的情形不同，这次北魏皇帝并未食言，给了自己机会，只是自己运气不好，未能铸成金人，不能怨天尤人。况且自己还担当了两国和亲的重任，不能因为一时的委屈而影响两国的和平相处。想到这里，西平公主擦干眼泪，强作欢颜，转而对拓跋嗣说起了宽慰的话。

拓跋嗣见西平公主通情达礼，此后对其更加敬爱。西平公主虽然不是皇后，却享受到只有皇后才能享有的礼遇，她的名号是夫人，却做着名副其实的皇后。尤其是拓跋嗣对她的宠爱和关心，更使她心满意足，心境变得越来越平和。拓跋嗣想创造条件让她登上皇后宝座，她也婉言谢绝了。也许在她看来，皇后的名号已不是衡量一个人幸福与否的唯一标准了。

泰常五年（420），姚夫人去世。拓跋嗣非常悲恸，追谥她为“昭哀皇后”。

秀女入宫

秀女是清代宫廷后妃的主要来源，选秀女是清朝入关后确立的颇具民族特色的选妃制度，每三年一次，由户部主办。到了挑选秀女之年，凡八旗官员的女儿，年龄在十三岁至十七岁的，都须备选。开始时，公主下嫁后所生的女儿也照样要作为人选，这样做，无论从人伦还是血缘上讲，都有伤大雅。所以，到了嘉庆六年(1801)，清政府规定：公主之女特加恩不再入选。按清朝的祖制家法，宫内不选汉人之女，所以道光二年(1822)又下令，旗人抱养汉人之子为子嗣者所生女儿，不必备选秀女。

咸丰元年(1851)，清廷下令在全国范围内选秀女。十六岁的叶赫那拉氏这年也在被选之列。

叶赫那拉氏赶到集合地点，按捺不住好奇心，不由得东张西望。只见集合处足有一千多辆车子，每辆车上皆坐着一位标致的妙龄少女，穿着清一色的满族服装，远远看去，很难分清谁是谁了。

按规定，选秀女每日选看两旗，一次有一千多人。这么多人，这么多车，谁在前，谁在后，是大有讲究的。负责组织的官员事先要列好"排单"，按年龄大小先后排定次序，年幼的在前，后面渐次是年龄大的。受到特殊照顾的是皇帝后妃的亲姐妹，及她们的亲兄弟、亲姐妹之女，这些人被安排在各旗的最前面。

排单列好后，官员们便按照排单的顺序，指挥排车。每辆车上都竖有两盏灯作为标识，待傍晚时分，车队依次鱼贯而行，车灯闪烁，五彩缤纷，车队蜿蜒而行，秩序井然，场面蔚为壮观。

御花园千秋亭

天还未亮，备选秀女们已到了神武门外，下车，排队行至顺贞门外，静静恭候宫门开启。令少女们激动不安的时刻终于到了。大门徐徐打开了，几名穿戴整齐、表情严肃的太监走了出来，按照排单，一批批点名引少女们入内。有时一次一人或两人，有时又三四人一排，一般则是五六人一排居多。入到殿内，皆立而不跪，接受帝后们的挑选。

叶赫那拉氏与其他四名少女排成一行，走进了庄严华丽的大殿。在帝后们挑剔审视的目光下，她既忐忑不安，又有些许自信。因为她知道自己的容貌比较出众，理应被选中。为了更好地展示自己，引起帝后们的注意和好感，叶赫那拉氏十分注意自己的站姿和步态，力求完美。

挑选完毕后，少女们又乘上骡车，按来时的次序，排队离开皇宫，回家静候佳音，等待命运的抉择。

按照清廷选秀女的规矩，凡被帝后们选中者，则留下名牌，俗称"留牌子"，以备复选；复选时未被看中，称为"撂牌子"。每个名牌上写有某人某官之女、某旗人，还有年龄等内容。

被选中记名的秀女，在记名期内，不许私相聘嫁，违者上至旗都统、副都统、参领、佐领，下至族长及父母，都要受到处分。不在被选范围的女子、参选后未被选中的女子，或记名后复选时落选的女子，才有资格自由出嫁。

叶赫那拉氏终于接到了复选的通知。通过这次复选，她又被选中。

复选时被选中的秀女，入宫后，如果得到皇帝的封号，就是内廷主位了，至死也不准出宫另嫁。秀女从皇帝那里得到的封号，从低到高依次为答应、常在、贵人、嫔妃。若是幼年登极的皇帝到了大婚的年龄，此时中选的秀女有的还会有幸被选为皇后。一个秀女所能得到的封号，与她的家庭地位即她父祖的官位、身份有很大的关系。叶赫那拉氏的父祖都是中等官职的京官，因此，她得到了"兰贵人"的封号。

有些秀女并未得到皇帝的封号，而是被指配给皇子、皇孙、亲王、郡王以及亲王之子、郡王之子等皇帝的近支宗室，故皇子的福晋也都是秀女。清代的皇帝，不管是顺治、康熙、同治、光绪这些幼年即帝位者，还是成年登极者，他们的皇后都是秀女出身。不同之处在于，前者是通过行隆重的大婚礼，直接娶秀女进宫封为皇后；后者是选秀女为福晋，称帝后又册封福晋为皇后。

叶赫那拉氏进宫时，咸丰皇帝已有了一位皇后，所以秀女入宫后，最高只能得到嫔妃的封号。叶赫那拉氏心气颇高，但在当时的处境下，封为贵人已属不易。

清朝后宫中，贵人、常在、答应是低于嫔一级的，地位较低，没有自己的居宫，皆分散于皇后、妃、嫔的十二宫中。兰贵人被分派到皇后的中宫。

皇后非常严谨自律，一言一行都严格合乎宫廷礼法。炎热的夏天里，她也是衣冠楚楚，洗澡的时候从不用宫女、太监侍候。平时坐姿端正，腰板

同治皇帝用过的金碗、金碟和嵌玉金筷、金勺

挺直，走路时总是徐步慢行，手臂的摆动幅度也极有分寸。面见皇帝时，一定要穿好礼服。

兰贵人则生性好动，又是个不那么爱循规蹈矩的人，初入中宫，对宫廷的规矩也知之甚少。一天，她心情很愉快，乐滋滋地对镜梳妆，梳了一个飞云髻，这是宫外的满洲贵族妇女们常梳的一种发型。兰贵人打扮好了，出得门来，只见别人梳的都是那种呆板的横长式发髻，更显得自己别具一格、婀娜风流。不由得暗自得意的兰贵人正在那里胡思乱想，没想到不但未得到皇上的青睐，反而招致了皇后的一顿训斥。皇后表情严肃、口气严厉地申斥兰贵人："为何破坏宫中规矩，随意梳宫中不许梳的发型？"

兰贵人见皇后动怒，便小心翼翼诚惶诚恐地答道："我初入宫，不晓得宫中规矩，请皇后息怒、赐教。"

皇后听了，表情稍有和缓，但仍用严肃的口气说："念你初入宫，不懂宫中规矩，故不怪罪于你。但以后要记住，宫中妃嫔以下的女子，所穿服装，一律是窄袖长袍，不许穿裙子和其他样式的服装。发型一律是横长式的髻。站立、行走都要挺直身板，不准摇晃身子，不准快步疾行，更不许大呼小叫。"

兰贵人低首屏息，态度谦恭，自此才知后宫里等级森严，规矩细密，比不得宫外生活随意自在。从此以后，她小心翼翼看皇后眼色行事，不敢有半点越规行为。皇后虽然规矩多，但待人宽厚、和气，因而中宫里总是笼罩着祥和的气氛。兰贵人被分在中宫，真是她的福气。

兰贵人比皇后大两岁，很有心计，每日变着法儿地讨皇后的欢心。心地善良的皇后对任何人都不设防，很快就被兰贵人的曲意奉承所打动，常在皇上面前替她说好话，为她得到皇上御幸提供方便。

按清朝规矩，每晚与皇上同房的嫔妃要由皇后决定，到傍晚的时候，皇后预先挑出几个写有嫔妃名号的牌子交太监呈皇上御览，皇帝留下哪位嫔妃的牌子，就将哪位嫔妃送到皇上的寝宫去侍寝。若嫔妃怀孕了，就要撤去她的名牌。

如果皇上想到哪位嫔妃的宫中去住上一宿，要提前由皇上传谕旨给那个嫔妃，令她做好接驾的准备，然后皇帝才能到其宫歇息。对这种情况，清朝后宫也有严格的规定，皇帝发给嫔妃的谕旨必须盖有皇后的金印，即事先要征得皇后的同意才行。假如没有事先传谕旨，或谕旨上没有皇后的金印，那么，每一位嫔妃都必须严格执行这样一条规矩：即使是皇上到了你的宫门前，你也必须拒绝接待，不能让皇上进门。由此可见，皇后统管后宫并不是徒有虚名，而是确有实权。

幸运的兰贵人由于常得到皇后的照顾，就有了经常接触皇帝的机会。在皇帝面前，她的聪明机智和工于心计的特点，得到了淋漓尽致的发挥，咸丰帝越来越喜欢她。咸丰四年(1854)，兰贵人被晋封为懿嫔。咸丰六年(1856)，她为咸丰帝生下了唯一的儿子载淳，母以子贵，生下儿子的当天，她就被晋封为懿妃。咸丰七年(1857)，又进一步被封为懿贵妃，地位仅次于皇后。

咸丰十一年(1861)七月十七日，咸丰皇帝病逝于热河，载淳登极，叶赫那拉氏成为慈禧太后。

帝后大婚

帝后大婚，是指皇帝册立并迎娶皇后。皇后之下的嫔妃只是皇帝的妾，身份低，不须为她们举行婚礼。唯有皇后才是皇帝的嫡妻，有资格享用大婚礼的荣耀。

并不是所有的皇帝和皇后都经过大婚礼，那些结婚以后才登极的皇帝，只需册封皇后即可。唯有那些年幼登极的皇帝，才通过大婚礼迎娶他的皇后。所以中国的皇帝虽多，行过大婚礼的却并不是很多。光绪帝就是行过大婚礼的皇帝。

光绪皇帝登极称帝时年仅四岁，由慈禧太后垂帘听政。光绪十一年(1885)，光绪十五岁，按顺治朝旧例，慈禧太后应该让光绪帝亲政，并为他行大婚礼。迷恋沉溺于权力之中的慈禧起初假惺惺地表示要还政，后来一些善于奉迎的王公大臣劝她在结束听政之前，再训政几年，她马上答应下

德宗景皇帝朝服像

来，故光绪帝行大婚礼的日期就又推迟下去了。

至光绪十四年(1888)，光绪帝十八岁，理应亲政，慈禧太后实在没有什么理由可以再拖延还政了。于是，按皇帝亲政前要举行大婚典礼的清制，开始为光绪帝的大婚做准备。

为皇帝选后妃的工作早在几年前就已开始了。先是三年一次的选秀女，再是在众多秀女中，参考家庭出身和地位及秀女自身条件，优中选优，选出五名秀女做候选人。

慈禧太后亲自决定，十月初五那天，在体元殿举行选皇后的仪式。

五名秀女依次站成一排，站在第一位的是都统桂祥之女叶赫那拉氏，桂祥是慈禧太后的兄弟，他的女儿是慈禧太后的侄女。第二、三位是江西巡抚德馨的两个女儿。最后是礼部右侍郎长叙的两个女儿。

慈禧太后端坐于体元殿的正座，双目炯炯，非常威严。光绪皇帝恭敬地立于慈禧太后的身旁，神态拘谨不安，眼神不时从五位秀女身上掠过。有时还怔怔地发愣，像有什么心事，但谁也不知道此刻他心中正想着什么。

慈禧太后和光绪帝面前摆放着一张小桌，上面摆放着一柄镶玉如意和两对绣花荷包。若选中某女为皇后，则赐给玉如意；若选中某女为嫔，则赐给绣花荷包一对。

按慈禧太后的意思，当然是选她的侄女为皇后了，但她没有明说，也没有事先对光绪帝做工作，但她把桂祥的女儿排在第一位，用意很明显的，就是暗示和提醒光绪皇帝，应选桂祥之女为后。至于光绪皇帝是否已完全理解了自己的意图，并且完全按自己的意图去办，她也觉得不是那么有把握，所以，心中难免有一丝不安和忐忑。因此，她一直密切注视着光绪帝的一举一动。

选皇后的时刻终于到了。慈禧太后指着站成一排的五名秀女，对光绪说："皇帝，看中谁当皇后，就把玉如意给她。过去选一个吧。"

光绪帝有点惶惑地看了看慈禧太后，小心翼翼地答道："这件大事就由皇爸爸做主吧，儿臣年龄尚小，不敢自作主张。"

孝定景皇后服像

慈禧太后脸上露出了一丝微笑，口气也变得和蔼亲切起来，用鼓励的目光看着光绪帝，说："这是皇帝的婚姻大事，皇帝就自己选一个合意的吧。"

光绪见慈禧太后执意要自己来选，便鼓起勇气，拿起玉如意，径直走到德馨的长女面前，正要把玉如意递给她，忽听身后传来慈禧太后的一声惊呼："皇帝！"

光绪皇帝吓了一跳，回头一看，见慈禧太后正面色愠怒、气急败坏地瞪着自己，并把嘴一努，暗示他选站在第一位的桂祥之女。

光绪皇帝忽然明白了慈禧太后的良苦用心，不由得在心中暗暗责骂了自己几句：不自量力，居然真的相信了慈禧太后的话，以为可以自作主张，其实，今天，明天，自己还将和昨天一样，仍然做一名听命于慈禧太后的小皇帝罢了，命运是不会改变的！想到这里，光绪万念俱灰，刚才的那点激情已化为泡影，遂木然走到桂祥的女儿面前，把玉如意交给了她。桂祥的女儿如何接过玉如意，如何行礼拜谢，他已经视而不见了。

选完皇后，接下去应该选妃子了。慈禧太后见光绪皇帝最喜欢德馨的女儿，她若被选为嫔，恐怕会有夺宠之忧，对新皇后不利。因此干脆从幕后到了台前，不再按仪式的安排让光绪选妃嫔了，而是直接让公主把两对荷包送给了站在后面的长叙的两个女儿。长叙十五岁的女儿被封为瑾嫔，十三岁的女儿被封为珍嫔。

慈禧太后如此跋扈地不顾光绪皇帝的情感和意愿，强行夺人所爱，独断立后选嫔，是因为她确实是很蔑视光绪皇帝，没把他放在眼里。

更重要的是，慈禧太后在后宫多年，从贵人一步步走上权力的顶峰，她对后宫的一切太熟悉了，深知皇帝的后妃可以对皇帝乃至整个大清朝产生不可低估的影响。因此，当她的儿子同治皇帝去世时，本应在下一代即“溥”字辈中选一个皇帝，来继承没有子嗣的同治皇帝的皇位，但如此一来，慈禧太后所痛恨的同治皇后就成了皇太后，理应由她来垂帘听政，慈禧太后就应该退出政治舞台了。因此，善谋权变的慈禧太后，立了自己的外甥载湉为帝，这样，她仍然可以以太后的名义听政，而同治的皇后却成了皇帝的寡嫂，毫无听政之权。对这次光绪皇帝选立后妃，慈禧太后也是机关算尽，她指定要自己的侄女为皇后，是要在光绪皇帝的身边安插一个耳目，等她“归政”之后，仍能及时了解光绪皇帝的一举一动，以便更好地控制和指挥光绪皇帝。

孝定景皇后大婚乘坐的凤舆

光绪皇帝的大婚典礼定于光绪十五年正月二十七日举行。事实上，早在一年半以前，大婚典礼的筹备工作就已经开始了。光绪十三年(1887)闰四月十四日，慈禧太后颁下懿旨，命总管内务府大臣办理大婚典礼的准备工作，光绪皇帝的父亲醇亲王奕譞负责稽查经费支出事项。还设立了大婚礼仪处，专司大婚典礼的一切事务。

皇后选出后，由钦天监选定吉日行纳彩礼。

纳彩，就是向皇后家赠送具有定婚意义的彩礼。纳彩礼定在十一月初二早晨。礼部鸿胪寺官在太和殿正中设一节案，内阁官员将“节”放在节案上。内务府官员负责摆放彩礼。甲胄十副、缎一百匹、布二百匹，放在龙亭之内。全副鞍辔的文马十匹，分别在太和殿左、右排好。銮仪卫校尉把龙亭抬到太和殿丹陛上，分左、右摆放。

负责纳彩礼的正副使穿戴整齐，在丹墀东边等候。授节大学士一人，身穿朝服，站在太和殿的东檐下。东西檐下还各站立着一位穿朝服的鸣赞官。吉时一到，鸣赞官朗声喊道：“齐班！”正副使朝太和殿上行三跪九叩礼，然后升东阶，立在丹陛之上。鸣赞官再喊："有制！"正副使就地跪下，宣制官从太和殿左门入内，面向西宣制："皇帝钦奉皇太后懿旨，纳叶赫那拉·桂祥之女为后，命卿等持节行礼纳彩。"读毕，授节大学士从殿左门入内，到案前双手取节，由中门出得殿来，将节授给正使。正使接受节后，带领副使从中阶的左边走下丹陛。

光绪皇帝大婚图之一

授节仪式结束后，大队人马以御仗为前导，浩浩荡荡出太和中门，向皇后府邸进发。

皇后的父亲桂祥早已等候在大门外，行纳彩礼的队伍一到，桂祥便跪迎持节正副使，然后随正副使入内，将节陈放于正厅中一面南摆放的节案上。节案的左右两边也各有一案，甲胄、布帛分摆在两案上，龙亭停在仪门之外，文马停在中阶之下。正副使授礼的过程中，皇后的父亲一直跪在大厅中门之外。然后，又率子弟朝皇宫方向行三跪九叩之礼，感谢皇恩浩荡。纳彩礼结束，正副使取回节，回宫复命。皇后之父在大门外跪送。

皇后娘家要在纳彩礼的当天举行纳彩宴以示庆贺。皇宫赐给皇后父母饽饽桌一百张、酒宴桌十席、羊一百一十九只、酒一百瓶。纳彩宴的物品由内务府御茶膳房准备，开支达七千二百八十九两白银。

迎娶皇后入宫之前，十二月初四行大征礼，朝廷向皇后家送一次大婚礼物。礼物有：黄金二百两、白银一万两、金茶器一具、银茶器二具、银盆二具、缎千尺、全副鞍辔的文马二十匹，还有闲马四十匹和驮甲二十副。另外还要赐皇后父母、祖父、弟弟礼物，赐从人银四百两。大征礼除花费黄金四百七十四两外，共折合白银二万五千七百余两。

到了正月二十七日这一天，要举行册立、奉迎礼。这是大婚典礼中最隆重的仪式。

帝后大婚这一天，全国上下，人人穿红戴绿，家家张灯结彩，京城里更是热闹非凡。皇宫内，各处的御路上都铺上了红毡，门神与对联也更换一新。午门以内的各宫门、殿门，红灯高悬，太和殿、太和门、乾清宫、坤宁宫悬挂着双喜字彩绸，到处一派喜气洋洋的气氛。

吉时一到，身穿鲜艳礼服的光绪皇帝在礼部堂官的导引下出宫，先到慈宁宫，向慈禧太后行礼，再到太和殿阅视金册、金宝。金宝由礼部制作，是皇后的大印金册由工部恭制。

光绪帝阅视完金册、金宝后，升宝座。同时，鸣鞭奏东。正副使臣升丹陛，面向北跪听宣制，然后，授节大学士授节。正副使臣受节后，下中阶。执事官员取金册、金宝，也随之下中阶，将金册、金宝分置于龙亭内。光绪皇帝还宫。

迎亲仪仗队出发。最前面是持节的正副使，其次为册亭、宝亭和皇后仪驾，后面跟随的是内大臣和侍卫。队伍由太和门至大清门的各中门出，向皇后府邸出发。

皇后的邸第也是悬挂彩绸，地铺红毡，装饰一新。内堂正中设节案，左、右设册案和宝案，节案前设香案，香案前设皇后的拜位。拜位的左右恭立着两位侍仪女官，另有一名宣读女官站在册案的南边。

随着鼓乐齐鸣，迎亲仪仗队来到皇后府邸。皇后的父亲率子弟穿朝服在大门外跪迎，然后随使臣升中阶，面向西立于外堂之东。凤舆放在台上正中，阶下左右放着皇后的仪驾。

光绪皇帝大婚图之二

正使宣读制书后，皇后的父亲行三跪九叩礼，然后退出。

使臣将节、册、宝分别授给内监。内监奉节、册、宝入内，皇后身穿礼服出迎，立于内中门之右。皇后的母亲率领女眷身穿朝服在内跪迎。内监进入内堂，将节、册、宝分别放置在预先准备好的各案上，皇后跪在拜位，聆听宣读册文和宝文，然后接受金册、金宝，行礼。

册立礼至此结束。

内监取节，出内堂，将节交给等候在外的使臣。再将刚才授给皇后的册、宝分别放入龙亭，等候皇后的凤舆出来后再一起回宫。

皇后受册、宝后，内掌仪司的首领大太监便恭请凤舆到内堂正中。升舆吉时到，先有两名福晋将凤舆内的如意安放在一旁，皇后在女官的恭导下升舆。

凤舆中的这柄如意是代表皇帝来迎皇后的。因为以皇帝的身份，不能够亲自出迎皇后，所以用一柄龙形如意来代替皇帝，由皇帝在如意正中，亲笔写上一个“龙”字，然后将这柄如意放在凤舆中压轿，作为皇帝的替身，有“如朕亲临”之意。

皇后升凤舆时，她的母亲率府中女眷，送至舆前。太监手执提炉引导凤舆来到大门外，马上就有早已等候在那里的銮仪卫校尉接过凤舆。

回宫时，正副使骑马走在前面，紧跟在后的是皇后仪驾、册亭、宝亭，接着就是皇后的凤舆。凤舆近前有命妇四人为前导，后面是命妇七人为扈从。另有内监在凤舆左右扶舆步行前进。内大臣、侍卫骑马在最后护卫。皇后的父亲率领诸子弟在大门外跪送。

迎亲仪仗队回到皇宫，仪驾停在午门之外，皇后的凤舆由九凤曲柄盖为前导，进午门、太和门，经中左门、后左门，直至乾清门。册亭、宝亭停下，使臣复命，内大臣、侍卫皆退下。

光绪皇帝大婚图之三

皇后在乾清宫台阶下降舆，太监执提炉为前导，步行至乾清宫后隔扇，再登上八人孔雀顶轿入钟粹宫。皇后以后就居住在这里。敬事房首领太监捧金册、金宝授给钟粹宫守宝太监。

皇帝的大婚洞房被安排在坤宁宫。坤宁宫在明朝时是皇后的中宫，清朝皇室根据本民族的习俗，将其加以改造。坤宁宫两头的大部分地方被辟为祭神的场所，东暖阁就作为皇帝大婚时的洞房。洞房的南窗前有一铺大炕，光绪皇帝将在上面与皇后共进合卺宴，行合卺礼。

养心殿正间

合卺吉时到，皇后由福晋四人恭侍净面梳妆打扮完毕，乘礼轿由钟粹宫到坤宁宫洞房中。

洞房靠北墙处放着一张大大的龙凤喜床，床上悬挂着五彩纳纱百子帐，铺着特制的大红缎的绣龙凤双喜字炕褥，还有明黄色和朱红色的彩绣百子被。图案上的百子个个造型生动活泼自然，寓皇帝子孙万代兴盛之意。龙凤喜床上还放置有宝瓶，瓶内装有珠宝、金银、米谷等。喜床的上方还悬挂着一块大匾，上书“日升月恒”四个大字。

一会儿，皇帝身穿吉服，在礼官的导引下入坤宁宫，与皇后坐在龙凤喜床上，吃子孙饽饽。所谓子孙饽饽实际上是饺子，刚一下锅便马上捞出来，完全是生的。皇帝、皇后接过子孙饽饽，咬一口，吐出来藏在床褥下面，取早生贵子之意。

食罢子孙饽饽，就由福晋四人率领内务府女官入内，请皇后梳妆上头。上头又叫作“开脸”，用棉线将脸上的汗毛绞尽，再用煮熟的鸡蛋剥了壳，在脸上推滚，经过如此美容，皇后容颜白皙亮泽，现出少妇颜色了。接着还要重新梳头，改梳成扁平后垂，无碍枕上转侧的燕尾式，上面插上扁簪富贵绒花。

皇后打扮停当，刚才离开的皇帝再由太监和命妇导引进东暖阁，与皇后共进合卺宴。进宴时，皇帝坐南边大炕的左边，皇后坐右边，二人对面而坐。其他人等跪安退出，只留下福晋夫人四名恭侍。帝、后进宴时，有结发的侍卫夫妇在宫外念“交祝歌”。

合卺宴使用的桌子是黄地龙凤双喜字红里膳桌。饭菜更是讲究。有赤金盘盛猪、羊乌叉各一品；赤金碗盛燕窝双喜字八仙鸭、金银鸭各一品；赤金盘四品；燕窝“龙”字拌熏鸡丝、燕窝“凤”字金银肘花、燕窝“呈”字五香鸡、燕窝“祥”字金银鸭丝，四个菜名拼起来为“龙凤呈祥”，象征大婚的吉祥；还有赤金碗盛的细猪肉丝汤二品；红地金喜字瓷碗盛燕窝八仙汤二品；五彩百子瓷碗有四个，其中二个盛用老米做的饭，另两个盛子孙饽饽二十七个。这四个瓷碗精致而考究，碗盖为纯金所制，每个上面都镶有十五块宝石。宴席上的小菜和酱油亦用赤金碟盛，极尽豪华。

宴罢，合卺礼成。

婚后第二天，皇帝与皇后在坤宁宫还要进团圆宴。这次宴更加讲究、奢华。有“乾坤和泰”四个字的赤金碗四品，有“龙凤双喜”四个字的赤金盘四品，另有“双喜”字赤金盘二品，有“喜”字赤金盘四品，有红地金喜字碗四品，等等。宴罢，皇帝带皇后到景山寿皇殿拜见列圣列后的圣容，即瞻仰大清先祖及历代帝王、帝后的画像。

回宫后，帝、后再到储秀宫向慈禧太后跪递金如意，行三跪九叩礼。太后也回赠金如意。光绪皇帝回养心殿，升明殿宝座，皇后到皇帝前，跪递金如意，皇帝回赐金如意。皇后还钟粹宫，升前殿宝座，接受各妃嫔、公主、福晋、命妇等的三跪九叩礼。

二月初二日，行朝见礼。慈禧皇太后由储秀宫乘礼轿至慈宁宫，升宝座。皇后由钟粹宫乘礼轿到慈宁宫，在皇太后前行六肃三拜三叩礼。礼毕，皇太后赐宴。宴罢，各还本宫。

二月初四日，为庆贺礼。这一天，光绪皇帝先去拜见慈禧皇太后，然后，到太和殿设朝，接受百官朝贺，王以下文武满汉官员向皇帝行礼庆贺。

然后，文武百官仍身穿朝服，整齐排列在天安门外金水桥前，恭听宣读皇帝颁发的诏书，听毕，再行礼。

皇帝的诏书除颁行全国外，还要转送朝鲜、越南、暹罗、琉球、缅甸等国，向他们通报光绪皇帝大婚的消息。

二月初八日，行祈福礼。皇帝在太和殿宴请皇后父亲及族属等人，王公大臣、文武官员作陪。皇太后在慈宁宫设大宴，宴请皇后母亲及族属，一、二品命妇等入席作陪。这次盛宴结束，光绪皇帝的大婚典礼才算圆满完成。

光绪皇帝这次大婚礼费用折合白银五百五十万两。其中皇帝、皇后应用的冠服、朝珠、钿钗、金银珠宝玉器，嫔妃所用器物，皇后妆奁，皇后、嫔妃铺宫所用的金银器皿的开支，就占了百分之八十左右，所用白银四百万两以上。

侍从篇

SHICONG 侍从

除了皇帝、皇妃之外，后宫中还有无数为之服务的宫女、宦官。中国古代宫廷蓄养的女子之多，当世无匹。她们在深宫中虚度青春，备受精神摧残；宦官内臣，即被净身的男子，作为皇帝内臣与上述几类人共同构成后宫成员。

宫女生涯

宫女遴选

中国古代的皇帝们，尤其是性喜于色而荒于政务者，对填充后宫之事，多乐此不疲。没有人能够阻止皇帝这么做。

西汉初年，宫女只有十几人。到汉武帝时，宫女突破一千数字，东汉桓帝时，后宫聚集美女五六千人。晋武帝司马炎将宫女数字突破一万。南朝宋文帝时，后宫椒庭绮观，千门万户，而淫妆怪饰，变炫无穷，南朝仅有半壁河山，后宫却如此繁盛，可以说打破了晋武帝创造的纪录。

梅园花如雪

唐玄宗大概是后宫女子数量最高记录的创立者。开元、天宝年间后宫人数跃升四万。唐玄宗曾召见大师一行,问他:“师何能?”一行回答:“惟善记览。”玄宗为了证实一行的本领,令人拿来登记宫女的簿册,让一行从头至尾看一遍,然后合上簿册,复述一遍。一行大师“记念精熟,如素所习读”。背至数页之后,玄宗心服了,忙叫他停住,从御榻上走下来,向一行恭敬地行礼,呼为“圣人”。

宫女

明代宫女的数量是九千,但宫中每年花费的脂粉钱达到四十万两银子,由此可以推知各代用在宫女身上的费用之多。

各朝各代从民间挑选宫女是一件经常性的工作。宫女的家族大多是普通百姓,但必须是良家,即非医、非巫、非商贾和百工,这些人家的女子叫良家子。历代都规定宫女取自良家子。

唐玄宗遣使到全国各地选拔美女,号称“花鸟使”。

明代选宫女的情况,以天启大婚时为例,“天启元年,熹宗将举行大婚礼,先期选天下淑女年十三至十六者,有司聘以银币,其父母送之,以正月集京师,集者五千人。后亦被选入都。天子分遣内监选女,每百人以齿序立,内监循视之,曰:某稍长,某稍短,某稍肥,某稍瘠,皆扶出之。凡遣妇者千人,明日,诸女分立如前,内监谛视耳、目、口、鼻、发、肤、领、肩、背,有一不合法相者去之。又使自诵籍、姓、年岁,听其声之稍雄、稍浊、稍吃者皆去之。去者复二千人”。

“明日,内监各执量器量女子之手足,量毕,复使周行数十步,以观其丰度,去其腕稍短、趾稍巨者,举止稍轻躁者,去者复千人。其留者亦仅千人,皆召入宫,备宫人之选”。又“分遣宫娥之老者引至密室,探其乳,嗅其腋,扪其肌理,于是入选者三百人,皆得为宫人之长矣。在宫一月,热察其性情言论而评汇其人之刚柔愚智贤否。于是,入选者仅五十人,皆得为妃嫔矣。”

清代每三年选一次秀女,入选者都是八旗少女,汉女则不入选,清代这种做法固然是为了保持满洲血统,实行时确实不扰民,有利于广大汉民的安居乐业。以往任何朝代，每当选宫女的事情落在哪一个地区时，该地区的百姓就人心惶惶，纷纷赶到朝臣到来之前，把女儿嫁出去。

清代宫女只有一二百人，有百人左右能够和皇帝接近。清代还规定，宫女未被皇帝看中的，二十四岁（有时是二十五、三十岁）时可出宫另行择配。

清代各旗每年要将本旗的十四至十六岁的女子造册上报。在行选期间，各旗的参领、领催负责把候选的女子运上车，送往神武门。运送秀女的车队按规定要在夜间行进，到达后，候选的秀女们被领入神武门内，在顺贞门外恭候，由户部官员负责管理。

至时，由太监首领主持挑选工作。秀女们每五人为一组，引到太监面前，站立，太监审视。当意者，留下姓名牌子，叫作“留牌子”。牌子上书着“某官某人之女，某旗，年若干岁”。至当日午时，初选完毕，未被选上的，由本旗车子载还。初选通过后的女子，要入宫进行复选，“试以绣锦，执帚一切技艺，并观其仪行当否”。凡不合格者被送出宫，叫作撂“牌子”。

清咸丰年间选秀女时，一群秀女们在拂晓时分站在坤宁宫外，等候挑选，恰逢传来太平军攻克南京的消息，咸丰皇帝坐卧不宁，屡屡召见大臣。到午后，站在坤宁宫外的女子们已经疲倦不堪、饥渴难忍。秀女们相向饮泣。太监在一旁呵斥道：“圣驾行且至，何敢若此！不畏鞭笞耶？”众女子皆战栗不止，有的要晕倒。这时，一位少女站出来，厉声说：“去室家辞父母以入宫禁，果当选即终身幽闭，不复见其亲，生离死别，争此晷刻，人孰无情？安得不涕泣？吾死且不畏，况鞭笞耶？且赭寇起粤峤间，不数载悉长江而有之，今遂陷金陵，天下已失其半。天子不能求将帅之臣，汲汲谋战守以遏贼锋，保祖宗大业，而犹留情女色，强攫民家女，幽之宫禁中，俾终身不获见天日，以纵己一日之欢，而弃宗社于不顾，行见寇氛迫宫阙，九庙不血食也。吾死且不畏，况鞭笞乎?!”

太监从未听到过秀女说出这种话来，惊恐地去捂她的嘴欲捆绑以问其罪，这时，恰好咸丰乘御辇过来，见太监们捆住这位秀女，便命将其带至拉到自己面前，该女犹倔强不肯屈膝。

咸丰已经稍稍听说该女刚才的一番言论，遂命太监们松手，笑着问她刚才说了些什么？少女侃侃对答。咸丰欣然说：“此真奇女子也！”命松绑。引入宫入朝见皇后。咸丰为她择婚，并将此次所有秀女放还回家。

显然，被选为宫女不是一件幸事。清宫中有地位的女性亲属加恩免选。规定：太后、皇后之姐妹，嫡亲兄弟之女、嫡亲姐妹之女免选，后又包括

嫔以上的亲姐妹免选，乳妈的亲生女也可免选。

明代邵太后也深感于入宫女子的不幸，她对孙了嘉靖皇帝说："女子入宫，无生人乐。饮食起居，皆不得自如，如幽系然。以后选女人宫，无下江南，此我留大恩于江南女了者也。江南人家亦幸无以丐幸泽，送女子入宫。"

入送的宫女中有一些是十岁左右或更小的女童。明代万贵妃四岁入宫，陈后主宠妃张丽华，入宫时仅十岁。如果十二三岁入宫，就属于普遍情形了。

不少女子是被父、兄主动纳入宫中的，家人寄希望于她获得皇帝的宠幸，以求得全家荣显。历史上传为佳话的"倾国倾城"的故事，就是出自李延年向汉武帝引荐妹妹的事情。李延年是宫中的歌舞艺人，能自制词曲、美妙动人。一天，汉武帝听他唱道："北方有佳人，绝世而独立，一顾倾人城，再顾倾人国。宁不知倾城与倾国，佳人难再得！"

武帝被歌声感动了，叹息说："善！世岂有此佳人乎？"李延年并没有直接告知武帝这位佳人就是自己的妹妹，而是令平阳公主使武帝得知此情。武帝一见李夫人，真是名副其实。

汉明帝的马皇后是名将马援的女儿，马援以身殉职，还遭到他人诬陷，马家又被权贵欺侮。马皇后的堂兄在忧愤中上书皇帝，请将马援的三个女儿入选太子宫中。当时，马皇后只有十三岁，她带着家族的希望进入宫廷。

古人相信相术，一位平凡的女子若是被相术师相出大吉大贵来，而女中尊贵者就是皇后、贵妃，那么该女子的家人就会把她献到宫中去。如西汉景帝的王皇后，本来在民间已和一位姓金的结婚，生了孩子。王皇后的母亲听相师说她女儿命中富贵，便把女儿硬从金氏家中夺走，送入太子宫。而东汉章帝窦皇后也是因相师的判断，为求富贵进入宫中的。

凡被家人主动献入宫中，或者父、祖在朝廷任官的女子，比一般从民间批量载入宫的女子，更有机会令皇帝注意。这些人大多一入宫就被封上名号，再进一步越居后宫女子之上。而普遍的良家子即使有美色，也很难被发现。

色艺之竞

进入后宫的成千上万的宫女，她们唯一的出路就是赢得皇帝的青睐，然后再走上人上人的地位，这一生就算成功了。不然的话，只能做一辈子宫女。宫女在后宫的地位是仆人，是后妃们的仆人，为一个皇后服务的宫女一般有一二百人，在太后周围服务的宫女数量也许更多。而妃嫔们既已获得名号，在后宫就升为主人，她们也需要宫女们侍候。

宫女在后宫也是备用为皇帝提供性服务的，从事杂役也不繁重，繁重的事务由宦官承担。有些宫女是因父亲犯死罪，被没入宫廷的，她们相当于女犯人，从事惩罚性的劳动，如织布、舂米、洗衣。宫中专设织布的作坊，叫作暴室，因为丝麻需要晾晒，作坊就以暴室为名。从事这些劳动的人数也不少，汉宫专设暴室令，监督她们的劳动，处罚违反规章者，暴室同时又成为宫中的监狱。凡在宫中犯重罪者，都要遣送暴室，西汉数名遭废黜的皇后均被送往暴室幽禁，并死在那里。

宫女们怎样才能越于众人之上，引起皇帝的注意呢？这是无数的、各朝各代的宫女们日夜思虑的问题。机会是最重要的，只有先让皇帝看见她，才能使皇帝注意她。然而实际上机会大多，不由宫女自己掌握。一些在太后、皇后、贵妃身边作侍女的宫女，因为皇帝经常与上述人联系，她们便近水楼台。汉元帝的傅昭仪、陈后主的宠妃张丽华就是这种情况，还有宋徽宗的郑贵妃、王贵妃开始都是太后身边的宫女。

美色是决定性的因素，没有哪个皇帝见美色而不爱，然而后宫是一个美女如云的地方，非国色天香不足以引起皇帝的喜爱。汉元帝时，王昭君默处后宫多年，当元帝决定将她赠给呼韩邪单于时，并未见过这位宫女，是王昭君主动要求远嫁匈奴的。当王昭君临行到元帝面前行礼时，元帝才第一次看见这位绝代佳人，他痛悔不已。由于无法收回成命，只得将怒气转向宫廷画师。元帝后宫女子突破千人，他不能一一阅看，便让画师将宫女们描画成图，呈送皇帝，任皇帝挑选其中美貌者。宫女纷纷讨好、贿赂画师，求他们把自己画得美一些。独王昭君性格倔强，不去求请画师，结果画师毛延寿把她画得平淡无奇。王昭君远嫁匈奴，刚刚骑上马背，元帝就派人把毛延寿杀了。

吴大帝孙权时，有一位潘姓女子为江东绝色，后来潘女因父亲生罪，被收入宫中织室。孙权听说织室中有一位绝色，命画工前去画下她的容貌。画工画了一幅潘氏的写真图，送到孙权面前。画面上潘女一副哀愁的神态，孙权一见之下心花怒放，因说："愁貌尚能惑人，况在欢乐?"于是立即命侍从用雕轮把潘氏从织室接出来。

孙权的儿子孙亮，对美色也津津乐求。他从宫中选出相貌最佳的四名宫女，赐给新名，一名朝姝，二名丽居，三名洁珍，四名洁华，四个名字分别是四种香料。孙亮让四名美女同坐在一个琉璃帐内，自己从外望进，四位宫女宛若水晶雕像。

江北沛县有一个出身微贱的女子甘氏，因"玉质柔肤，态媚容冶"被刘备纳入宫掖。甘氏的美艳使刘备产生了如遇仙人的感觉。他把甘氏放在白绢帐中，自己从窗外向里望，白绢帐中的甘氏如站在月光下的皑皑白雪中。刘备对甘氏宠爱备至，将她封为皇后，甘氏所生的阿斗刘禅被立为太子。

魏文帝曹丕也是一个极为好色的君主。他先把江北绝代佳人甄氏拥为已有。甄氏的美貌在曹植的《洛神赋》中被描绘得仙姿神韵、如梦如幻。后来曹丕又发现了新的美人薛灵云。薛灵云家在常山郡，曹丕命地方选良家子时，常山太守谷习特别注意到本郡的这位美人。谷习给了薛家价值千金的宝物，把薛灵云聘来，专车从常山出发，送往京师。曹丕得知情况，派文车十乘去接。离京师十里之远时，曹丕亲自乘雕玉之辇相迎，并改灵云之名为夜来。夜来不仅美色夺人，技艺也惊人。她善于女红，过去贫贱时常在夜间做针线活儿，用麻藁点燃为光源。在宫中，她不用灯烛就能在深帏重幄之内裁衣制衣，完成的速度也很快。曹丕后来穿的衣服都是她缝制的。宫中人称之为"针神"。

孙权的赵夫人则善于刺绣，技艺绝妙无双。她能在方寸内，用彩色丝线织绣出云霞龙凤。宫中人称她为"机绝"。可见美人的色与艺是相辅相成的，才艺是美人的本领，高超的才艺能更好地展示自己的魅力。

汉武帝时，有宫女名丽娟，肌肤白如玉，一阵风吹来，如兰花一样随风而动，身体柔软到似乎衣服系上缨佩，就会把皮肉磨伤。丽娟歌喉十分动人，歌声起时，李延年在芝生殿和之。她所唱的回风之曲，使得庭中的花瓣随歌飘落。丽娟聪明过人，她把琥珀做成的珮藏在衣裙里，琥珀发出优美的响声，别人十分惊异，她却说是自己的骨节自鸣，更让人觉得她仙气十足。武帝对丽娟爱怜得无可复加，竟像小孩子一样，把自己的衣带和丽娟的衣袖系在一起，把她放在一层又一层的重幕之中，怕她被风吹走。

汉成帝时，赵飞燕姐妹入宫，妹妹赵合德比姐姐更美艳，更得成帝的宠幸。赵合德的化妆技艺十分高超，初入宫时，她巧为妆扮，令宫中所有女子黯然失色。她用一种膏状物抹在头发上，把头发卷上去，做成一个耸立的发髻，叫作新兴髻；把眉毛修得细而长，曲线优美，叫作远山黛；脸上略施朱色，似乎不经意，叫作慵来妆。赵合德走入宫，无人能与之媲美。以好色著称的汉成帝，把赵合德看成天赐的尤物，大加宠幸。但赵合德的形体方面不及姐姐，赵飞燕善舞，体轻腰弱，舞步轻柔，进退之间变化无穷，赵合德却跳不出这种舞步。

唐敬宗宝历年间，从浙东来的两位宫女超凡出众。她们一个叫飞燕，一个名轻风。飞燕和轻风头戴用金丝编成的形如鸾鹤的金冠，冠上装饰着五彩细珠，冠顶嵌着红玉雕成的芙蓉花。她们的身上散发着幽兰之气，冬天可以不穿厚衣服，夏天也不出汗。她们的歌舞技艺非凡人所能，夜晚降临时，敬宗命她们载歌载舞，歌声如鸾凤之音，届时百鸟莫不翔集。歌舞完毕，敬宗命人把她们藏之于金屋宝帐，白天不让她们出来，以免被风吹日晒。

美人需要美饰。宫女们竞相奇巧地装扮自己，以求得皇帝的欣赏。曹魏宫中有个叫莫琼树的宫女，善于修饰头发，用奇妙的方法把头发修成蝉翼状，薄而透明，赢得皇帝的宠爱。

南唐后主李煜宫中有位叫窅娘的，身材纤细，舞姿优美。李后主忽发奇想，用金铸成一支六尺高的莲花，花边上装饰宝物、细带缨络。他让窅娘用帛把脚缠紧，外穿白袜，在诗人皇帝眼中，这双脚形同新月。窅娘以这种装束舞于莲花上，步态十分轻巧，有诗赞道："莲中花更好，云裹月长新。"窅娘的缠足法是皇帝的杰作，从此，宫女们纷纷把自己的脚缠起来。

元代从高丽来的美女，穿着自己民族的服装在皇帝面前受到赏识。宫眷们听说皇帝欣赏高丽服装，连夜借来这种衣服，琢磨它的特点，研究如何缝制。在很短的时间内，宫女们都把自己原来的衣服改成高丽式样，于是宫中高丽服如云。

闲庭梧影图

明崇祯时，宫女们为获得皇帝的宠幸，风行起浅碧绫做的衣服，因为她们听说袁贵妃曾身穿浅碧绫和皇帝坐于月下，崇祯对这色衣服感到新奇，称赞道："此特雅倩。"崇祯周皇后首穿白纱衫，凉爽飘逸。宫女们很快也穿起了白纱衫，她们把红色帕腹衬在里面，从白纱衫外可隐约看到里面的红帕腹，效果更加诱人。崇祯不喜欢宫眷们脂粉涂得过厚，每见到厚施脂粉者，就嘲笑说："浑似庙中鬼脸。"于是宫女们急忙改变化妆风格，改浓妆艳抹为轻描淡扫。

宫女中有少数富于文采，得到风雅皇帝的赏识，这也是宫女们得志的一种渠道。历史上广为人知的宫中女才子当数西汉的班婕妤。在赵飞燕姐妹入宫前，汉成帝最宠爱的是班婕妤。最先处于宫女群中的班氏，知文懂礼，容止出众，被成帝封为婕妤。班氏对于《诗经》很有研究，《诗经》中关于女戒的诗篇她都能背下来。时时铭记先贤的教训，对待皇帝的宠爱十分冷静，决不恃宠而骄。成帝在宫中游玩，要与她同乘一辇，班婕妤推辞，说："观古图画，圣贤之君皆有名臣在侧，三代末主乃有嬖女。今欲同辇，得无近似之乎？"班氏的嘉言令成帝赞叹，遂打消了与她同乘一辇的想法。不过，庄重自持、拘泥于礼法，也使班婕妤渐渐失去了成帝对她的热情。

古代文人对班婕妤的言行评价很高。曹植的《班婕妤赞》中写道："有德有言，实惟班婕。盈中其骄，穷且厌悦。"傅元《班婕妤画赞》道："斌斌婕妤，履正修文。进辞同辇，以礼匡君。纳侍显德，谠对解纷。"

西晋大文学家左思的妹妹左芬，才气仅次于其兄。左芬的名声被晋武帝得知，把她召入宫中，封为修仪，进而升贵嫔。左芬并不具备美貌，晋武帝对她礼敬多于宠幸。遇到诗赋、文仪方面的问题，晋武帝常来找她交谈，当左芬用清丽、优雅的语言对答皇帝时，武帝身边的侍从无不发自内心地羡慕和称道。武帝的羊车在宫中漫游，每当路过左芬的住处时，即使羊不停下来，武帝也要自动停下来，找左芬聊聊。左芬奉命写了很多赋、诔、颂，武帝十分欣赏她的辞藻，常用宝物酬谢她。

唐太宗时，有位名叫徐惠的女子，四岁就能通《论语》、《诗经》，八岁已

能写文章。她父亲曾叫她仿照《离骚》的体裁作《小山篇》，徐惠提笔写就："仰幽严而流盼，抚桂枝以凝想。将千龄兮此遇，荃何为兮独往。"父亲大为惊奇。徐惠的名声从此远近传播。唐太宗知道后，便召她入宫，封为贤妃，对其很是眷宠。

五代后蜀宫中有位来自四川青城女子费氏，才貌俱佳，入宫后得宠于后蜀皇帝孟昶，晋封为"花蕊夫人"。花蕊夫人善写宫词，作品有上百首。

明世宗时，庄妃王氏最初入宫为宫女，许久未引起皇帝的注意。后来王氏偶作小诗，传到皇帝手里，诗中有句"风吹金锁夜声多"，令嘉靖皇帝击节叹赏。王氏由此得幸，宠冠后宫。

除绝色、技艺、才学以外，个性也是颇能吸引人的因素。帝王们习惯了宫女娇羞、怯懦，而又渴求的共同性格，也厌倦而渐渐不屑于理会。个别宫女出人意表的言行，却能引起皇帝的兴趣。

晋武帝选宫女时，少女胡芳以良家子入选。武帝在宫女中又亲出挑选其中美艳者，挑选活动在大殿举行。武帝对宫女一一审视，用红纱巾系在

选中者的手臂上，胡芳是选中者之一。对于普通宫女来说，被皇帝亲自选中是幸运至极，应该感激、庆幸、谢恩。但胡芳性格刚强，不愿被别人摆弄，又想念远离的家人，便大哭着走下殿来。宦官们见胡芳这样无所顾忌，十分惊讶，立即跑过去把她拉住，警告她说："陛下闻声！"胡芳毫不惧怕，一面揩掉泪水，一面大声说："死且不畏，何畏陛下！"一切都看在晋武帝眼里，这个大胆的胡芳令他刮目相看，他决定封胡芳为贵嫔。

各色釉大瓶

胡贵嫔以率性而不虚饰，对武帝毫无以卑对尊、以下对上的态度。武帝司马炎很欣赏胡芳的为人，在所有的嫔御中，他最宠爱的就是胡芳。

明世宗嘉靖皇帝性格乖僻，忌讳颇多，晚年迷信道教，整日诵经修道。一天，他边击磬边诵经，宫女们侍列周围。世宗诵经时间长，击磬的手有些不听使唤，一槌敲错了地方。宫女们都忍笑低头不敢作声，而其中一名十三岁的小宫女，忍不住失声大笑，世宗的目光盯了她好半天。大家都为她捏着一把汗，以为小宫女触犯了忌讳，命在旦夕。然而世宗却觉得她很有意思，这件事情也很有趣。诵完经之后，当夜就让这个宫女侍寝了。她就是靖嘉皇帝晚年最宠幸的尚美人，以后又封为寿妃。

元顺帝曾在春夜漫步月下，清风送凉，万籁俱寂，忽然从翠鸾楼传来婉转的笛声，顺帝听出这是一首词曲，词是："兰径香消玉辇踪，梨花不忍负春风。绿窗深锁无人见，自碾朱砂养守宫。"顺帝问左右的人是谁在吹笛？宫人都知道才人程一宁常常在翠鸾楼倚栏弄玉龙之笛，告诉了顺帝。程一宁的名字和月夜的笛声，给顺帝留下了深刻的印象。几天后的夜晚，顺帝又来到此处漫步，再次听到了程一宁的笛声。顺帝被感动了，他乘车来到程女住的地方。程一宁见一群火炬簇拥着皇帝到来，不知出了什么事，吓得叩头俯伏。顺帝亲手把她扶起来，说："非卿玉笛中自道其意，朕安得至此？"牵着程一宁到了柏香台，命御厨设宴，称为开颜宴。顺帝笑着对程一宁说："今夕之夕情圆意聚。然玉笛卿之三青也，可封为圆聚侯。"从此，程女成为皇帝的宠妃。

题诗红叶

内苑深宫锁住了宫人们的身体，但锁不住她们跳动的心。唯有心可以飞越禁锢人性的深宫高墙，向往人间的天伦之乐，唯有心才能跳出泯灭良知的御殿瑶池，追求真诚的爱情生活。

唐代天宝至贞元年间，苏州有一个才子，姓顾，名况。此人能诗善画，生性活泼，口齿伶俐，很能调侃。顾况年轻的时候，曾游历洛阳。洛阳是唐王朝的东都，武则天时叫神都。洛阳西北有皇帝的行宫上阳宫，那里长年居住着上千名宫人。上阳宫有两条河水流过：谷水自西北向南，洛水自西向东。宫内的宫人常常驻足河边，看着河水流进宫苑又潺潺流出深宫。每每如此，别有一番滋味在心头。她们不时通过河水寄托哀怨情思。

一日，顾况踏歌洛水河畔，只见出宫的流水中飘出一片梧桐叶，叶上有字迹，依稀可辨。顾况好奇，捞上来一看，竟是一首宫人题诗：

一入深宫里，年年不见春。

聊题一片叶，寄与有情人。

顾况读着诗，浮想联翩，一种深切同情深宫痴情怨女的感慨油然而生，随即以《叶上题诗从苑中流出》为题，和诗一首，诗云：

花落深宫莺亦悲，上阳宫女断肠时。

君恩不闭东流水，叶上题诗寄与谁？

顾况走到宫城西头，把题诗梧叶放入水中，让它漂流进宫。尔后，接连数日沿河寻觅，希望再得梧叶。果然不出所料。十余日后，又得一首宫人的叶上题诗：

一叶题诗出禁城，谁人酬和独含情？

自嗟不及波中叶，荡漾乘春取次行。

梧叶题诗的佳话很快流传开来。据说，皇帝也为之动情，诏令放出一些宫人，其中包括在叶上题诗的宫女。

梧叶题诗后来发展成红叶为媒的爱情传说。

唐宣宗时，卢偓入京应试，偶过御沟，拾得一片红叶，上有宫人《题红叶》诗一首：

流水何太急，深宫尽日闲。

殷勤谢红叶，好去到人间。

红叶寄托了宫人对人间爱情的渴望，红叶又令年轻的书生心潮澎湃。

卢偓反复吟诵这首诗，感慨不已，不禁萌生爱慕之情。他将红叶诗珍藏于巾箱之中，私下发愿，一定要寻觅到红叶题诗的才女。

岁月蹉跎，若干年后，后宫放出一批宫女，听凭其投亲靠友或自行嫁人。卢偓爱恋宫中题诗的才女，但数千宫人，哪里去寻？既然是因诗而生爱恋之情，卢偓就娶了以诗见长的韩氏女。

新婚之夜，韩氏女恍如梦幻之中，回想起深宫禁锢的岁月，不禁怆然泪下，又吟起了当年的红叶诗，卢偓听罢吟诵，大喜过望，脱口道："原来就是你！"赶忙从箱中拿出珍藏多年的红叶来，韩氏女一见那片泪染墨迹的红叶，惊讶得好半天说不出话来……

与红叶题诗类似的，还有纩衣题诗的传说。据说唐僖宗时，后宫近万宫人奉命为边塞士兵缝制军衣。有个叫马真的士兵，从宫人缝制的一件军衣中意外地得到一枚金锁和一首诗。诗云：

玉烛制袍夜，金刀呵手裁。

锁情寄千里，锁心终不开。

这首金锁情诗的新闻很快在边塞将士中传开，僖宗闻之很以为新奇，乐得做回月老，敕令马真到京，与纩衣题诗的宫女结秦晋之好。

红叶与金锁的故事渗透了很多传奇色彩，但却真实反映了宫女们幽闭深宫，虚耗青春的断肠怨恨以及对民间自由自在生活的向往和对爱情的渴望。

情系玉阳

大约在唐文宗大和九年(835年)，二十二岁的李商隐第二次应举失败，在第三次应试之前(开成二年837年)一年多的时间内，他在王屋山的支脉玉阳山(今河南济源市西)隐居读书。在那里，一个妙龄宫女敲开了他的心扉。

唐王朝尊崇道教，许多皇帝贵族纷纷在山林中建筑豪华道观，有时去过一段时间的隐居生活。一些公主为了摆脱长期奢侈淫逸生活引起的精神空虚，或为逃避政治旋涡，也向往这种山林隐居。如唐玄宗的妹妹玉真公主就曾在玉阳山建造宫殿式的大道观，取名"灵都观"。玉真公主以后，唐朝几代入道公主还继续住在那里。

玉阳山上苍松翠柏，鸟语花香，清泉潺潺，烟雾缭绕，宛如人间仙境。而处于仙境中的灵都观更显灵气，那里有一大群同公主一起入道的宫女，她们正值豆蔻年华，身着华丽的衣裙，在松竹环绕的宫殿里款款而行，侍奉着公主，同时也给寂静的山林带来欢歌笑语，勃勃生机。

李商隐来到玉阳山后，住在与灵都观隔溪相望的琼瑶宫里。这里没有京城皇宫那样戒备森严，李商隐很快认识了灵都观里那些伴随公主入道的宫女们，他们一起唱和诗词，弹琴对弈，慢慢地李商隐爱上了宫女中一位眉清目秀、精于音律的宋氏姑娘。他们之间的爱情很快发展起来，有如山间溪水清澈而急湍。然而又像被高山阻挡一样，为封建礼教所不容。宋氏女和李商隐不能公开表达爱慕之情，咫尺天涯，难以成双，两人只能暗地传笺递书，借助诗歌和音乐来倾诉真挚的感情。

爱情的力量有时能冲破巨大的障碍，在山中道观这一特定的环境下，由于一位善良宫女巧作安排，两个有才华的青年男女终于秘密而又勇敢地结合了。李商隐写有一诗，含蓄地描绘了他和宋氏女神仙般幽会的炽热情景。然而，一阵销魂之后，这对恋人冷静下来，想到幽会难期，分别在即，不免怅然若失。严酷的现实使他们只能默默承受断肠的相思之苦。

李商隐把他和宋氏宫女的这种奇特的恋情，用独创的《无题》诗的形式表达出来，其中一首云：

相见时难别亦难，东风无力百花残。
春蚕到死丝方尽，蜡炬成灰泪始干。
晓镜但愁云鬓改，夜吟应觉月光寒。
蓬山此处无多路，青鸟殷勤为探看。

玉阳山上一对有情人，在无情的环境中迸发出真情的海誓山盟："春蚕到死丝方尽，蜡炬成灰泪始干。"这一意新旨远的比喻，成为表达情爱忠贞的千古名句。

宋氏宫女和李商隐之间的爱情秘密后来泄露了。求仙的公主并没有仙人的慈悲心肠，不仅严厉处罚了宋氏女，而且派人把她押下玉阳山，送往遥远的地方。痴情的李商隐再也得不到她的音讯，见不到她的踪影。这一对追求爱情幸福的恋人，最终还是被摧残人性的恶势力无情地拆散了，从此天各一方。

诠释宦官

宦官存因

除了皇帝、后妃、宫女外，后宫中走动着一类奇特的人——宦官。从数量上说，宦官仅次于宫女，但在有些朝代，宦官人数比宫女还要多。

后宫是皇帝的家，因此皇帝在后宫被称为“大家”或“官家”。后宫这个一夫多妻制的政治家庭，其构成并不比豪门大户复杂多少，皇帝是唯一的丈夫，后、妃是妻妾，宫女是丫鬟，有可能成为妾。这个贵不可及的家庭需要繁重的和特殊的服务。多妻制的豪门大户也有同类需要。尽管皇帝和后妃有众多的女仆，但皇室事务不可能完全由女人担当，而男性出入内廷又可能节外生枝，皇帝的猜忌心理是不允许男性在内廷执役的。因此，宦官成为担负宫廷服务的最理想的人选。

宦官成为一种制度，是由皇帝的专制权力决定的。在星象中，帝座周围有宦者四星，《周易》说：“天垂象，圣人则之。”皇帝号称天子，就是人间的神，皇帝的权威有一种神秘的色彩。在皇帝与臣民之间有一道不可逾越的鸿沟，这道鸿沟拉开了君主与臣民的距离，臣民不能看到皇帝的日常生活，事实上皇帝确实没有什么与众不同的地方，因此，宫墙和宫殿起着保障皇帝神秘的外衣不被窥破的作用。那么，看守宫殿、伺候皇帝的人必须是与外界隔绝的具有特殊人格的人，这种人只能是宦官。宦官由于身体残缺，不能再过人世间的生活。由这些人守护皇宫，皇帝大概可以放心了。

皇帝们心里很明白，宦官的存在不仅是为了防止后宫女子失去贞洁，主要是他自己需要宦官。刘邦做了皇帝以后便疏远了昔日的战友，在他临死的前一年，长期抱病不见群臣。一天樊哙大胆闯进宫内，发现刘邦正枕在一个宦官的腿上，思虑着什么。樊哙见此情景，十分悲愤，流着眼泪说：“始陛下与臣等起丰、沛，定天下，何其壮也！今天下已定，又何惫也！且陛下独不见赵高之事乎？”刘邦笑着坐了起来，没有回答樊哙的问题。

臣子有内外之分，文武百官是外臣，宦官是内臣。皇帝对内外臣子加以区别，外臣爱自己甚于忠于皇帝，他们有自己的家族、血脉，他们做事先要为自己和子孙着想，只有宦官日夜陪伴着皇帝，是皇帝唯一可以信赖的人。

皇帝需要真正的奴仆，百官、后妃、外戚都不是严格意义上的奴仆，真正的奴仆是宦官。皇帝与宦官是明确的主奴关系，而君、臣之间虽有一定的主、奴色彩，但还有一种“义”存在。君、臣见面有一定的礼仪，皇帝当然不可以枕在宰相的腿上。汉武帝时，汲黯来见，武帝没有戴好帽子，就躲起来不敢出见。因此大臣与手持溺器的宦官决非一种人。大臣有自己的是非观，不以君主的是非为是非，而作为奴仆的宦官则注定要以皇帝的是非为是非，皇帝妄喜妄怒，宦官从而不违，大臣则要提出规谏。宦官以顺从来显示对皇帝的敬与爱，他们在皇帝身边察言观色、体贴入微，皇帝愈发觉得他们可爱、可信。那些为所欲为的皇帝，特别喜欢和需要这种温和恭顺的奴仆，视宦官为自己人。在宫内，皇帝称宦官为家奴，宦官称皇帝为万岁爷，称后妃为娘娘，俨然一种大家族的气氛。

皇帝们自一出生就离不开宦官，他们脱开乳妈的怀抱后，就由宦官抚养。他们跟着宦官学习说话、走路、行礼，甚至由宦官教授文化。许多备受皇帝信任的宦官，都是皇帝幼年时的伙伴。大臣们若想把他们从皇帝身边排斥掉，往往要冒杀头的危险。皇帝对于陪伴他多年的宦官的依赖超过对任何人的信赖，包括皇帝的母亲和妻子。

宦官来源

宫刑　受刑后的罪犯始终是宦官的一个来源。宫刑又称腐刑，是仅次于死刑的一种刑法，可知受刑的人一定罪行很重。受宫刑又叫下蚕室，蚕室是一间封闭的、避免阳光照射的屋子，受刑的人在这里忍耐四十几天，出来时伤口已经愈合。在北魏，宫刑是宦官的唯一来源。因此，人们常称宦官为刑余之人。唐宋以后，把罪犯变成宦官的事例大为减少。

受阉幼童　阉幼童为宦官属于常见的另一种宦官来源。被选来阉割的幼童都是聪明伶俐、相貌俊秀者，他们进入宫中，深得太后、皇后和妃子们的喜爱，不会分给他们繁重的工作。唐武则天时，岭南讨击使李千里带回两个被阉的童男，冠之以两个新名字，一名金刚，一名力士。力士黠慧、相貌端正，一来就得到武则天的嘉赏。

明成祖时，大臣张辅到交趾选了一批俊美的男童，带到京城阉为宦官。其中有范弘、王瑾、阮安、阮浪等人。范弘有一副娴雅的神韵，在文学上颇有敏识，成祖十分喜爱，破例让他读书深造。历经几个皇帝，范弘都被另眼相待，英宗赞赏他的雅致，称他为“蓬莱吉士”。

明代朝臣，太监剿平南部少数民族的反抗后，多次阉割其幼童供给朝廷，理由是剪其逆种，防止他们再行叛乱。明英宗天顺年间，镇守湖、广、贵的太监阮让，一次竟将俘获的苗童一千五百六十五人阉割，术后病死达三百二十九人，后用同样的人数补上，总共阉割了一千八百九十四名幼童。由于数目过于惊人，英宗闻知后大怒，下旨切责阮让。明武宗时，福建总兵陈懋向皇宫进献净身幼童八百人，数额适中，武宗则安然收受。

自唐至明，许多宦官都出身于岭南、闽中。这两个地方成为宦官的供给地。唐朝向这片地区征收宦官，如同征粮征税一样。

唐代，各道（道是行政区）向朝廷进献阉割后的儿童，号称“私白”。宫刑逐渐消失后，实施阉割叫作“净身”，“白”也代表这种意思，一般净身以后就叫白。

自宫　“自宫”则指的是自愿接受净身手术，或自行净身。

自宋以后，宦官成为人们求问的一种职业，大量的自愿者成为宦官候选人，他们自愿、争相被阉为宦官，进入宫廷服务。自愿者的数量越来越多，以至于到明、清两代供过于求。

宋代规定，凡是自愿净身的，先到兵部报名。选择相貌端正即有福相的，再择吉日实施手术。兵部记录日期，上奏以待日后查验，被阉割者伤口痊愈后，送入内廷。此后即开始了另一种人生，将自己受阉之日作为诞辰日，一切都从那一天开始，日后算命都根据那一天的天干地支。

唐代宦官得志，气焰到了登峰造极的地步，甚至可以把皇帝杀掉。此后民间对于宦官除了蔑视以外，增加了许多敬畏。那些世代辗转于贫困而无计改变命运、同时天性懒惰又好妄想的下层人物，就会想到去做宦官。一旦在宦官中出人头地，地位就等于在最高级官员之上了，不论世代官僚还是豪族臣室。

更多的人做宦官是为了谋生，谋求一个寄身的地方。衣食男女本是人生之大欲，对于衣食难以周济的穷人来说，能混上一份不虞的衣食十分不易，陷于穷乡的男子有些终生都无法实现娶妻生子的奢望，最基本的衣食需要就足以驱使他们去做仆役，与其在豪门大户做仆役，不如干脆投身到皇家，伺候皇帝和后妃。

明代每年有近万人自愿净身到朝廷求职，清代每年也有上千人。明清两代浩大的自宫队伍说起来令人吃惊。在京郊、河北民间，自宫甚至成为一种时尚，因为当朝的宦官许多来自这一地区，当地人几乎无不看到和听到某家某人做了宦官，给家族带来了权势和荣显。京郊、河北的农民当然并不比其他地区更穷，人们争相去做宦官是被大富大贵的光环所吸引。于是就有大批人走上自宫之路。

随着自宫的兴盛，便产生了一种持刀阉人的职业，把制造宦官当作谋生和取富的手段。在紫禁城外，有私人开设的实施净身手术的作坊。自愿接受手术者先要被作坊主查看相貌、身段、言谈举止。一般在手术前要交纳手术费和医药、照料费，许多人事先交纳不起，便要立下字据，找好担保人，待进宫后用月薪偿还。

自宫者中，儿童占的比例有时更大些。这些无辜的儿童多是被父亲送来的，他们身上寄托着这个穷困之家的希望，而他们自己对父命没有否决权。所以当他们作为宦官长大后，十分仇恨自己的父亲。有些孩子是被人贩子拐骗来，卖到净身作坊的，这些孩子便从此和家里失去了联系。

宦官这个职业对穷且无赖的人吸引力更大，甚至有人已经结婚生子了，听说宦官如何威福，仍然痴想着去作宦官，最终毅然走上了这条路。还有一种无赖，在市面上混不下去了，便投到宫中当宦官，如明末最狂妄的大宦官魏忠贤，本是一个赌徒，因交不起债钱，被债主追得又羞又恼，愤而更改姓名入宫当了太监。

明初自宫求职者尚不是很多，明仁宗时，命将自宫求为宦官者发配到交趾戍边。景泰年间，朝廷接纳了一批自宫者，此后自宫者千百成群，纷纷涌来。明宪宗又重令禁止自宫，将自宫者发回原籍当差，不许在王府家潜住，违者死罪。未几，宫外又聚集了四五百名自宫者，哄闹着要求朝廷收用，宪宗大怒，下诏："此辈逆天悖理，自绝其类，且又群聚喧扰，宜治以重罪。但遇赦宥，锦衣卫其执而杖之，人各五十，押送户部，如例编发海户当差。是后有再犯者，本身处死，全家发边远充军。"命礼部将此禁约公布于各地。

明孝宗时，禁止自宫的法律条文编入了《明会典》。规定自宫者属于不孝罪。孝就意味着不能毁伤身体发肤，受之于父母的身体发肤如果毁伤就是不孝，所以古人对于头发都十分珍惜。孟子曰："不孝有三，无后为大"，自宫者犯的是最重的不孝之罪。因此法律条文规定，自宫者要被施以最重的刑法——大辟。

事实上未见一位自宫者被处死，对于自宫者的处理，每次都以皇帝的诏书为法令，皇帝在诏书中都要指斥一番自宫的不孝之行，然后说明不忍置之于法，以显示皇帝的恩德。于是自宫者还是一批一批产生，一浪一浪涌来。自宫者相信，只要后廷还需要宦官，他们就有可能进入皇宫，皇帝也不会一概将他们拒之于宫门外。然而能否被选入宫中，要看自己的运气，明宫每隔几年，就选用一批新宦官，人数在二三千人，但候选者却有数万之多，十人中仅有一人能够被选用。

崇祯在位的十七年中，共选了三次宦官，三次加起来人数上万。未被选中者散居于皇城外有堂子的佛寺，民间称他们为“无名白”。万历年间，未被选中的自宫者在京师附近游荡，靠劫路为生。多为几十名自宫者联合藏在败垣间，见往来车马，体质稍弱的自宫者上前乞讨，而稍有些力气的，便会勒住马车，强行索要。如遇旷野中两三名单骑者，他们就突然截住马，曳下鞍，抓住对方的要害，将其腰腹间值钱的和有用的东西全部取下，然后一哄而散。

明代宦官人数达到了历史上最高峰。清初整理明末宫廷用度时，发现明末宦官有十万人，比宫女九千多出十倍。明亡之际，太监从宫中哄走逃命达七万人。而清代太监的数量受到了严格限制，清代宫廷及宫外苑囿服役的宦官共计二千余人，而康熙年间仅及七百人。

清乾隆皇帝废除了自宫者拟大僻的刑律，谅穷民阉割其子是为生计所迫。事实上父亲做主，阉割儿子，无法定儿子的不孝之罪。朝廷不再将自宫视为犯罪，无疑开大了自宫的大门，而宫中又不可能大量录用他们，因此只得增加畜养宦官的场所，允许宫廷以外的贵族之家收用宦官。朝廷允许一品以上大臣使用宦官，事实上中上级官员都在使用，而满洲官员用得更多。康熙十九年，宰臣上奏要求重责王公外收买宦官的大臣，康熙皇帝说：“三品以上官员，本不宜禁止，但私自阉割者多，未免于民有害，着依部议。”

自宫者申请入宫先要在礼部登记，接受查验。清代规定自宫须先在礼部登记后，再由内务府会计司、掌仪司的年老太监对他们作出检验，通过后交与宫殿监首领。宫殿监首领带他们进见皇帝，由皇帝挑选其中可意者，留在身边，其余的分配到各宫。

宦官入宫后，需要先认师父，师父就是义父，这种规矩自唐代就开始了。入宫当宦官，开始另外一种人生，变化是很大的，体现在要以师父为父亲，有的还要从义父的姓氏。如高力士本姓冯，其曾祖父冯盎隋朝时在岭南做官，力士入宫后拜高延福为义父，遂姓高。宋代几乎所有的宦官都从义父之姓，在他们的传记中，必带上其“父”的名字。每个宦官到中年后，又可以收养子，一代一代传下来。伦理观念的需要和人身依附的需要并重。

义父与养子的关系就是主奴关系。大宦官在内廷主子面前是奴才，在小宦官面前则是主子，所以刚入宫的宦官先做奴才的奴才，也许终生只是奴才的奴才。

宦官职责

内廷机构 宦官是内廷的仆役，皇帝、皇后、妃嫔日常生活所需要的服务均由宫女和宦官提供。内廷门禁森严，守护内殿各门也是宦官的重要职责，后宫简单说就是以女御充之，宦者守之。皇家这个国、家合一的家庭所需要的服务要比豪门富室多得多，宦官的职责也就分化出许多，因此便产生了内廷服务机构，即宦官机构。

内廷机构，西周时有宫廷、宫伯，掌管王宫事务；宫人，掌管寝宫事务；内宰，管理王宫内的政令；阉人，负责守护宫门；寺人，管理后宫女子。

战国时出现了宦者令，赵国的宦者令是缪贤，蔺相如最初是缪贤的舍人，后来被缪贤推荐给赵王。

秦代设中书谒者令、丞，负责礼仪和公文传递、收贮。中常侍，参用士人为之，在殿内服务。秦代负责宫女簿帐、女红等事务的宦官叫作永巷令。

西汉，皇帝身边有侍中、中常侍各一人。元帝又增设中尚书的职位，负责诏令文书增设；黄门侍郎一人，负责上递下传奏章。黄门指的是掖廷的小门，黄门侍郎之下有中黄门、小黄门。太后住在长秋宫，该宫中的宦官都由大长秋领导，大长秋一职或用士人或用中人。

东汉，中常侍在宦官中职位最高，在皇帝面前以备“顾问应对”，出入卧内，赞导内廷众事，中常侍人数四名，其后员数增为十人。东汉自邓太后临朝听制以后，由于事实上的需要和便利，规定宦官全部使用阉人。中常侍以外，设立的宦者职位是：大长秋管理皇后宫内事务，其属官有内谒者监，设中宫谒者三人，负责章奏传递。黄门侍郎，负责沟通内外信息。小黄门在太后身边服务，整理文书，在太后和皇帝之间联络。黄门一条的职务还有中黄门，中黄门冗从仆射，中宫仆令，负责管理车舆杂畜，出门时负责车马导从。掖庭令，掌管后宫贵人，采女之事。其下属的暴室令负责管理暴室内的妇女，送来暴室的人包括患病的宫女和犯罪的皇后、贵人。永巷令管理宫中服劳役的婢女。御府令负责指挥宫婢制作、浣洗宫中衣物。钩盾令，管理皇家苑囿。

隋朝设立宦官机构内侍者，唐代因之。内侍者在唐代曾改名为内侍监、司宫台，又复归内侍省名下。内侍省设内侍四人，负责宫中供奉事务。内常侍六人，属官有内给事八人、内谒者监六人、内寺伯二人、寺人六人。较具体的内廷事务分设五局管理：一为掖廷局，主管嫔妃、宫女簿籍；二为宫闱局，主管宫内门阖之禁，下属有掌扇、给使等员；三为奚官局，管理宫女疾病治疗、死丧事务；四为内仆局，掌管宫中供帐灯烛；五为内府局，管理内库出纳。各局设令，丞为正副长官，唐中期开始，宦官作为中使出外监军，从此宦官的职责大为拓宽。

宦官品位 唐太宗时规定，宦官中职位最高的内侍定为四品。玄宗在位时，平日久，踌躇满志，对宠信的宦官不吝惜封赏。宦官中出现了三品左右监门将军，四千多名宦官中有千余人居四、五品。三品将军在殿头供奉，委以重任，持节传命。宦官出外监军，掌地方军政大权，节度使反而听命于他。权势与财富并进，大宦官置办的田舍、名园、上腴之田几乎占了京畿的一半。德宗又授予宦官掌禁军之权，禁军即左右神策、天威军，置护军中尉、中护军分提禁兵。

宋代宦官机构有前后省，即入内内侍省、内侍省，前者与皇帝更加亲近，凡在皇帝身边随侍的，即“通侍禁中，役服亵近者”，属于入内内侍者。而“拱侍殿中、备洒扫之职、役使杂品者”属于内侍省。

宦官职位 入内内侍者设：都都知、都知、副都知、押班、内东头供奉官、内西头供奉官、内侍殿头、内侍高品、内侍高班、内侍黄门。内侍者设：左班都知、副都知、右班都知、副都知、押班、内东头供奉官、内西头供奉官、内侍殿头、内侍高品、内侍高班、内侍黄门。

宦官定员是一百八十人。在皇帝认为比较关键的非宦官部门，派遣宦官为勾当官，由宦官督察重要工作，皇帝便可放心。在御药院，派入内内侍四人做勾当官，“掌按验方书，修合药剂，以待进御及供奉禁中之用”。同样派入内内侍四人在内东门司为勾当官，“掌宫禁人物出入，周知其名数而讥察之”。龙图、天章、宝文阁设勾当四人，“掌祖宗文章、图籍及符瑞宝玩之物，而安像设以崇奉之”。在翰林院，以内侍押班或都知充当勾当官，总管天文、书艺、图画、医官四局。

宋代宦官人数大概是历史上最少的，宋太祖初定天下时，宦官只有五十人，后来虽增加了人数，也不过二百余人。南宋时规定宦官足额二百人，后来确定的二百五十人。

明代宦官机构至为发达，职能全面，以往制造宫廷用具的非宦官机构，明代归入宦官机构，统称为内府衙门，分设十二监、四司、八局。太监是宦官首领之称，从此又成为宦官的同义词。

司礼监是宦官最高机构，掌印太监率秉笔、随堂太监代替皇帝，用硃笔批阅章奏。秉笔太监兼掌管东厂。司礼监提督常住衙门内，掌管古今书籍、名画及文房用品，各设库藏之。宦官的人事档案由提督下属的六科廊掌司记录和管理。

司礼监设文书房，司礼监掌印官在司礼监正房阅文书，而秉笔、随堂则在文书房各自的办公室，细看文书。秉笔、随堂太监需要有高深的学识，崇祯皇帝极为重视这一点，如同考进士一样在太监中考试选拔，一次出题为“事君能致其身”，郑惠和曹化淳考中。

司礼监中设立内书堂，由大学士、翰林院词臣教授宦官读书。史无前例。司礼监下属机构还有负责皇子女出生至选婚事务的礼仪房，安置年老太监掌管文华殿旧文书、对联和干杂务的中书房，管理营造龙床、龙桌等物的御前作。

明代对宦官委以重任，创设东厂作为警探机构兼管刑狱，后又增设西厂和内行厂。京城、皇城各门关防出入，都须向东厂奏报。地方失火、雷击之类也要立即奏闻，至于京内的粮、米、油价，每月三十日定期汇报给东厂。

初入宫者如身材高大强壮，则被分派练习抬轿、持伞。凡皇帝乘驾而行，这些职为答应、长随的太监抬着弓箭、赏赐等箱子，跟在后面。皇帝赐给大臣的物品由长随奉送，朝廷文武官员和地方长官呈给皇帝的表笺、礼物，也由长随接收。

刻漏房的太监负责照看时辰，白天在文华殿后值班，每一时辰到，则入宫更换时辰牌，夜间在隆宗门外值班，用喊声报时。宫中各长街设有路灯，以石为座。每日晚，内府供用库的太监负责添油点灯。夜间的安全极为重要。答应、长随们要警惕从宫门缝中传来的光亮，一旦有事，各长随要遍寻何处失火，紧急救护，立即报告皇帝。

夜晚有留在殿中值宿的太监，职称为掌印、秉笔、管事牌子，在宫内各处也留有值班太监，待皇帝安寝后，散归各处值班。寝殿之门关闭。负责管理衣、帽的太监，将值宿太监的衣、帽，用两条带子串连在一起，称为“一把莲”，有事穿衣时会很利落。负责本房的太监每晚在桌上点上暗灯，备好用来写字或唾痰、擦手的小方纸，备用的笔装在袋中。

值宿太监夜间睡时也要保持几分清醒，如皇帝夜间忽然想起什么事起身或有意外事件及火灾报警，值宿太监要立即穿好衣服，手持五尺竿，迅速到皇帝面前以应召并保卫。

崇祯时，边防紧张，夜晚值宿的太监整衣睡在貂囊内，有事则出囊应召。崇祯皇帝常常夜不能寐，有时夜览奏章，便令值宿太监先睡。从规定上说，皇帝上床安寝前，太监不能先睡。

宫中用火十分小心，因为木质结构的建筑最忌讳失火，值房太监的饮食都是先在御河边做好的，抬到宫中，用炭火热一热，不敢烧煤。

朝夕在皇帝身边服侍的太监叫御前牌子、暖殿，都由皇帝亲自挑选，多为年纪较轻，相貌俊秀，善解人意者。而宫中祭祀和礼仪活动中，起重要作用的赞礼太监，则要挑选行动敏捷、声音洪亮、举止文雅者。

清代由非宦官机构内务府担当明代二十四司的诸多职能，宦官机构和职能显然萎缩。清代宦官，裁定员数，统领于内务府大臣。

清代额设太监二千四百人，品级到四品而止，太监的最高职位是总管太监，四品，设十四人；以下是副总管太监，六品，设八人；首领太监，七品，设八十九人；副总领太监，八品，四十三人；笔帖式，有敬事房的八品。余普通太监，供扫除、守护之役，无品级。

清代太监的主要职责是伺候皇帝、后妃的衣食。四时所需的冠、袍、带、履及典礼所用的物品，要先期预备，交御前大臣。内廷坐更，由首领太监，执事太监充此差。清代太监按规定不得出紫禁城的大门。

宦官生活

赏花唱曲 年轻的太监们闲来无事时，喜欢赏花、唱曲。宦官们爱把花插在头上作为装饰，明代宦官经常从外面购买奇花异卉，种在皇帝的辇路旁。当时的异花有红水仙、蛱蝶菊、番兰柿等。

清代宫中戏班子都由宦官组成，聪明、伶俐、相貌俊秀的小太监被选来演戏，他们学戏、唱戏，引得宦官们大多成了戏迷。

太监们每天站班或者干活，都小心翼翼，规规矩矩，不敢妄说、妄笑。在听候吩咐时，须全神贯注，恭耳聆听，不能让主人重复一遍，所以精神非常紧张。只有在晚上，各宫门都上了锁，那些不值更的太监们才可以放心地玩乐。

过节的时候，宦官们互相馈赠瓜果，以联络友情。重阳节前后，宦官们设宴相邀，叫作迎霜宴，吃兔肉。备宴时，宦官们喜欢陈列菊花，叠至数十层，望之如菊山。菊花五色绚烂，令宦官们心喜。

虔心理佛 宦官大多信佛，相信因果报应，把自己当宦官看作出家。明代颇有正义感的宦官兴安是一位坚定的佛教徒，临终前要求把自己的骸骨磨为粉，埋于佛寺。

清代顺治朝，有位常与皇帝接近的宦官，名吴良辅，大概是通过吴良辅的影响，年轻的顺治皇帝对佛教开始感兴趣，并通过太监的介绍，与佛学大师相往还。吴良辅在顺治病重时，还举行了剃度仪式。不过，一般宦官对佛学未必有多深的修养，他们把信佛作为精神上的寄托，把自己与和尚并列，也是一种安慰，否则他们无法正视自己阉人的面目以及第三性的人格。

收养假子 宦官在进入中年后，被允许收养假子。古人认为断子绝孙是人生的最大惩罚，所以收养假子对他们也是一种安慰。唐代规定，宦官只能收养十岁以下的阉童作为假子。宋代规定，年满三十而无养父的宦官，始可收养一个小宦官为假子，还要登记在案。

宦官的养子并非都是阉儿，东汉大宦官曹腾收养了一个姓皇甫的男孩，取名曹嵩，曹嵩即是曹操之父。清末大太监多收养自家侄子，在宫外居住。因此徒弟和养子便分为两类。

在宦官中有一定的职位和财产，才可能为人之父。大宦官都很重视收养假子，有了假子就有了财产继承人，有了为他尽孝、守制、祭祀袭爵的人，不怕在死后成为野鬼孤魂了。

含悲忍受 普通宦官在宫中受到的是非人待遇，他们每天在主子面前陪着笑脸、讨好，而不能有自己真实的喜怒哀乐。委屈、怨怒不能表现出来，对屈辱还要表现出乐意承受的样子。他们是各级主人和大太监寻开心的对象。皇帝有时高兴了，撒一些小钱在地上，让太监们争相拾取，这就是恩赐，一个个还要谢恩。主人有时让他们学猫、狗叫，为了让主人开心，他们有时主动学猫、狗叫，甚至装成畜牲模样。明建文帝一次进膳时，太监吴诚在旁执酒伺候，建文帝正吃着小鹅，一片肉掉在了地上，吴诚来不及把酒壶放下，就学着狗的姿势，把地上那片肉舔着吃了。这件事令心慈的建文帝有些感动，多年后他还记得这个场面。

动辄得罪 宦官们地位低贱，动辄就会得罪主人动怒，走路稍快，或动作稍慢、表情难看、眼睛看错地方都会成为挨打的原因。挨打的太监被其他太监按在地上，边打边有太监在旁喊数，挨打者要服罪、讨饶，打完后，还要被架到主人面前，伏地“谢恩”。明代魏忠贤指挥下的东厂，发明了一种刑杖，头粗尾细，头上刻着“寿”字。这种杖打在冬瓜上，瓜烂而皮完好，打在人身上，则肉烂而皮不裂。清代继承了这种刑具并加以革新，杖的中部灌以铅，技高一筹。被打的太监经不过十杖就会死。

明代规定，犯有过失的太监，按其职位和过失轻重，或遣出宫闲住、或降为普通宦官、或发往孝陵司香、或充净军、或到孝陵种菜、或上刑后发往南海子打更。明宫中的更鼓房，是有罪宦官干活的地方。每夜有五名宦官轮流到玄武门楼打更。自起更三点起，到五更三点止，按数目用藤条击鼓、用檀木梆头击钢铸的大云板。每更由一人上楼，不许提灯，若遇风雨之夜，天空漆黑，摸索着上楼打更，真是苦不堪言。如果有差误，就要受到处罚。

清代有过失的太监，或发往打牲乌拉为奴，或到黑龙江给官兵为奴。有的被交付内务府总管，用九条链锁身。罚款应属较轻的处罚，罚月银四个月或六个月。

晚景凄凉 年老、有病的宦官，便走上了生命的末途，晚景十分凄凉。

明代年老太监不允许回到民间，怕泄露宫中秘事，他们退居到京城内外的寺庙，每日烧香，宫中供给他们柴米、冬衣、鞋子，以终天年。

北安门里的安乐堂，是安置有病宦官的地方，他们在此接受医治，病好后可以回宫继续供职。宦官病故，则有负责送终的宦官料理后事，送棺材出北安门，到西直门关外的净乐堂焚化。净乐堂有数名宦官负责管理。宦官和宫女们没有亲属的，焚化后，骨灰都存放在塔下的眢井中。

稍有些积蓄的宦官，年老时都要盘算好后事，他们捐资摆酒，成立老衣会、棺木会、寿地会，念经殡葬，备好死葬的排场。清代北京南郊有一片二百多亩的土地，被用来建立寺庙，专供太监们养老，不过先要交纳一定数量的银子，才可获准到这里养老，死后便葬在这里。

宦官的配偶

性别特征　宦官都是经过阉割手术后入宫的，然而古代却发现他们的生理外貌并不划一，有个别宦官显示出不似阉人的特征。如北宋宦官首领童贯，状貌魁梧，骨骼刚劲，颔下还生有数十根胡须。宦官一般性格懦弱，气力不足，而有的宦官却膂力过人而残忍好杀，甚至以残杀为乐事：将囚犯生剥面皮，或把头发割掉，连头皮一起剥下来。宋代某些监军的宦官，亲临沙场，俨然一名勇将，如宦官怀思，常持大铁鞭上阵，身中流矢多处；秦翰也倜傥有武力，参加过多次战斗，身上有四十九处伤。

性别意识　宦官虽然失去了作为男性的重要器官，但仍有程度不同的性意识。从医学上讲，人的性意识受到早在胎儿时期就已形成的脑组织的支配，即使在婴儿时作了换性手术，其原来的性意识在成年后仍有遗存。

宦官娶妻　自古宦官就有娶妻之例。西汉大宦官石显就有妻室，被贬后与妻子回乡。石显是少年时受腐刑入宫的，娶妻当然在入宫以后。北魏宦官大多有配偶，如张宗之纳萧氏为妻，萧氏本是南朝宋大臣殷孝祖之妻。唐代最有名的宦官高力士娶吕元晤之女为妻，吕氏容貌俊美，举止娴雅，然而中年病故，高力士没有续娶。唐后期的宦官妻子还有荣衔，如刘宏规妻李氏，被封为“密国夫人”，马存亮妻王氏，封“岐国夫人”。

宋代宦官首领也有妻室。宋神宗病重时，皇太后对宦官梁惟简说，令你新妇做一领黄袍，十岁来孩儿着得者。即是皇太后打算立神宗九岁的儿子赵煦继位。

宋徽宗时，大宦官梁师成权倾内外，其妻死时，大臣苏叔党、范温竟穿着孝服前来哭丧。

明英宗时，大太监吴诚不仅有妻而且有妾，吴诚在“土木堡事件”中阵亡。景泰年间其妾姚氏上奏，言吴诚生前曾在香山置坟，现请求将吴所遗衣冠招魂安葬，景帝批准了。

宦官娶妻，是生理和心理上的双重需要。宦官既然有男性意识也会有性需要，情欲的强弱可能各不相同，然而心理上的需要应是相同的，宦官无不想被人视为正常的男人，无不想证明自己的男人本色，娶妻正是他不次于正常男人的外在证明，让人忽略他曾受过阉刑。

性的需要是宦官寻配偶的内在动力。历代不乏得势的宦官抢掠民家妻女的事，他们以此为乐。明英宗朝镇守大同的宦官韦力转，强求某军官的妻妇与其奸宿，对方不从，韦力转就乱杖打死了该军官。然后韦力转又与养子之妻淫戏，被养子发现，韦力转竟将他射杀。英宗性情宽忍，恕其不死。

高力士在幼童时被阉割，当然不会是假宦官。当时宰相裴光廷娶武三思之女为妻，此女后来成为高力士的情妇。

宦官们的淫戏对象常是妓女。宋宦官林亿年告老致休后，养娼女以营利，传出艳闻，另一个宦官陈源因过失被贬，在贬所与妓女淫乱。林、陈的事迹传布以后，人们怀疑他们不是真宦官，这又是误会了宦官的能力。明代宦官有的与娼妓交好，然后娶为己妇。当时京都有些下层妇女与宦官相往还，甚至有弃其夫而跟随宦官的。

明熹宗的乳妈客氏生性风流，她可以作为宦官性能力的验证人。客氏是与宦官首领魏朝交好，后来听说魏忠贤能力比魏朝强，又和魏忠贤寻欢。客氏把二魏都当作情夫，致使二魏相敌视。一天夜晚，二魏在乾清暖阁为争宠而殴斗，响声惊醒了已入睡的熹宗。客氏和二魏到熹宗面前说明情况，熹宗没有生气，对客氏说：“客奶只说心里要谁管事，我替你断。”客氏示意倾向于魏忠贤，熹宗乃将魏忠贤判给客氏。魏朝不久发落到宫外苑囿。由于客氏帮忙，本不识字的魏忠贤当上了司礼监秉笔太监。

“菜户”对食

明宫中，普通宦官和宫女自愿结成配偶，叫“对食”。“对食”一词最早出现在西汉，是指宫女之间私下结偶。明代宫中宦官十多万，宫女近万人，这种结偶现象无法不出现。普通宦官无资格正式娶妻，而普通宫女被皇帝看中的可能性极小，宦官和宫女相匹配就自然而然了。

开始时，直房宦官与司房宫女接近的机会较多，逐渐产生了情意，结为伴侣，又有负责替宫女造办食物、衣物、首饰的宦官，追慕宫女、大献殷勤，被人称为“菜户”。他们对所爱的宫女任劳任怨，为之驱使，甚至不愿再供养宫外的父母兄弟，久之，“菜户”成了宫女对象的代用词。开始其他宦官斥责“菜户”们没有骨气，后来宦官们都争当“菜户”和宫女“对食”。

许多“菜户”其实并不是宫女的意中人，因为如果被宫女看上，就不会再让他干太多的活儿，而另雇别人去干。地位最低贱加上貌丑年岁大的宦官不可能被宫女看上，他们甘心做官女的仆役，为之执炊、扫除、浆洗，宫女每月付给他三五两银子。

宦官和宫女“对食”，在明中期处于地下状态，他们对此事十分隐讳。到万历朝发展到公开。如果一个宫女久无配偶，其他宫女就会笑她为弃物。又有好事者做“对食”的媒人。“对食”的双方，有的在花前月下彼此誓盟，终生不再和他人相爱，宦官若和有了配偶的宫女偷情，被其“对食”发现，便会引起一场冲突，不过宦官们在此事上不会凶恶杀人。宫女与宦官以守节相尚，如其中一方死后，另一方终身不再选配，便被周围人敬重而津津称道。

宦官很看重与宫女的感情，感情深而持久，这大概是他们人生的唯一寄托。万历时人沈德符曾在一个寺庙读书，发现寺中有一间紧锁的小屋，是宦官用来祭祀宫女的地方，屋中摆放着已殁的宫女的牌位。一天有位宦官前来致奠自己的女伴，捶胸顿足、恸哭不已，竟感动了在旁的沈德符，他认为这种深挚的情感比民间伉俪尚有过之。

若是宦官不顾宫女不从，强与宫女结好者，则被称为“白浪子”，浪子是无赖的同义词。而白，是宦官的代称。

年轻而貌美的宦官是其群体中的宠儿，得到大家的爱怜。明熹宗时有位叫高永寿的“御前牌子”，其人丹唇鲜眸，姣好若女子，宦官们都称他为“高小姐”。凡宴饮时，众宦官都对他献殷勤，如果他不参加，大家都没有兴致。后来高永寿与另一宦官陪熹宗在太液池荡舟，风起船翻，熹宗被救起，高永寿却被淹死。“高小姐”之死令宦官们大为痛惜，以后，宦官们游西苑，常常追怀他的音容笑貌。

消闲篇

XIAOXIAN

消闲

深宫寂寞，漫长的岁月中，为了排遣单调刻板的生活，宫廷发明引入了各种消闲活动，或以琴棋书画附庸风雅，或以优伶歌舞赏心悦目，或以珍禽异兽聊以自慰。细思之，无上尊荣背后，也掩藏着深深无奈。

豢养禽兽

养兽斗兽

溯源　我国自远古即开始养兽和驯猛兽，《史记·五帝本纪》载，轩辕黄帝“教熊罴、貔貅、貙虎，以与炎帝战于阪泉之野”。“帅熊、罴、狼、豹、貙虎为前驱，雕、鹖、鹰、鸢为旗帜”，“血流漂杵”，三战而胜炎帝。皇朝宫廷设置动物园则早在我国古代西周时期即有了文字记载，称为“周之灵囿”，位于今陕西长安西南沣河西岸，占地七十里。《诗经》云：“王有灵囿，麀鹿攸伏，麀鹿濯濯，白鸟鹤鹤。王在灵沼，鱼牣鱼跃。”灵囿即养有禽兽的动物园，灵沼是饲养鱼类的池沼。在这宫廷动物“灵囿”内，豢养着虎、

十骏犬图之一

鹿、犀牛及各种鸟、蛇、鱼、龟等，并设有专门管理园囿事务的驯养人员。

贡兽 古代宫廷驯养之兽，均来源于国内和国外。外国多贡纳国内少见的珍贵异兽，国内所贡多为皮用兽。《周语》中记有穆工征犬戎得四白狼、四白鹿而还的故事。《洛阳伽蓝记》中载有东汉永平年间，波斯王献狮子之事。《后汉书》载，汉章帝时月氏国贡狮子，当时叫“狻猊”。古时人们把威武雄壮的狮子视为吉祥、勇敢的象征，唐朝皇宫中曾举办过盛大狮舞，以驱魔避邪。

古代宫廷中将白兔视为明月之精，又以白兔寿及千年，满五百则白。《后汉书·光武本纪》记建武十三年(37)南徼外夷贡入白兔之事，宋以后记载也很多。白兔被赋予神话美好的传说，为宫廷帝王后妃、宫眷们所珍爱，也是祭祖敬天时四种兽之一。

国内外贡兽之事至明代达到高峰，记载也最详尽。真腊(即今柬埔寨)常贡之物中有象，三佛齐贡物中有黑熊、白獭等兽。国内各地所贡中有梧州府所贡猩猩；长沙府所贡玉面貍；浔州府所贡象、蛮犬；广西府所贡白面猿；风翔府贡驼羊；肇庆府贡果下马、黑猿、鼷鼠；宁夏中卫所贡黄羊、羱羊、土豹；洮州府贡犛牛、犏牛、豹；辽东都司所贡黄鼠；河南府所贡麝香鼠及汉阳府贡水獭等。其所贡的动物千奇百怪，无所不有。

狩猎 公元前二世纪中叶，西汉皇朝在陕西西安附近建立了我国历史上规模最大的“上林苑”，苑中除有天然猎场外，还设有专门的斗、驯兽场，当时的汉家天子与远隔重洋的罗马帝王不谋而合，把斗兽当作了一种娱乐和炫耀勇武的方式，是贵族阶级的一种表现风度。

汉武帝刘彻是一位斗兽之迷的皇帝，《汉书》将他“手格熊罴”的行为视为壮举。一次，名将李广的孙子李禹得罪了幸臣，武帝罚他下圈场斗虎。当李禹被用绳索系在半空时，武帝终不忍而赦免了他，令再系出。谁知李禹负气恃勇，用利剑砍断绳索，一跃而下，剑拔弩张地与猛虎拼斗。武帝被这个将门少年的威武不屈所慑服，忙派勇士们将他救出。以后，王公贵族们纷纷以与猛兽相斗为荣，他们以血肉之躯操持尺刃寸戈与锯齿钩爪，在猛兽前也在天子前大显身手。

公元前 87 年，汉武帝病逝，陵墓里生殉虎豹一百九十只，表现了他对狩猎和斗兽的特殊癖好。

汉成帝刘骜在位时，曾邀请匈奴和西域的君主们到长安观光，为助兴，征发猎户到秦岭山中捕捉熊罴、虎、豹、狐、鹿等，送入射熊馆，特请来宾们徒手捉取，以示雄健。成帝也亲临射熊馆，纵观取乐。

婕妤挡熊 建昭元年(前 38)冬，汉元帝率领文武百官、后官妃嫔来到御苑虎圈观看斗兽。虎圈中的野兽，本都单独驯养，由专人喂养管理。而今皇帝下令熊虎等兽同处一块场地，以寻求那一瞬间的惊魂动魄的强刺激，霎时，人们屏住呼吸，观看凶猛野兽搏斗：扑击、撕咬、翻滚、腾跃和那震耳欲聋、雷鸣般的轰鸣吼叫。文武百官很少有幸能见到这种场面，那些连走路都小心翼翼的美女宫娥更是如此。人们望着虎圈中的群兽大战，既紧张又兴奋。

忽然间，一只狗熊抛下拼搏中的猛虎，蹦跳着冲出虎圈场地的栅栏，恶狠狠地向着汉元帝和妃嫔随从们观兽斗的宫殿处而来。狗熊又冲破护卫宫殿的栅栏，在玉阶处直立起身，张口咆哮，两前爪奋力向前扑抓着。面对突变情景，文武百官们跌跌撞撞，一哄而散，妃嫔宫娥们则尖声叫喊，魂飞魄散，不知所措。

汉元帝位居前位正中，在逞凶待扑的狗熊前，竟吓得两腿发抖，呆傻般地直立着。就在这千钧一发之时，冯婕妤奋不顾身地站在汉元帝面前，用她那娇嫩婀娜的身体掩推着皇帝。狗熊稍一迟疑，几个身强力壮的武士和侍卫赶到，用手中武器刺死了凶猛的狗熊，汉元帝和冯婕妤才转危为安。

十玩　唐武宗李炎喜好在宫中豢养各类动物，在未登极前即如此，而且将其动物赋予雅号，并绘"十玩"图，其"十玩"号为：九皋处士——鹤、长鸣都尉——鸡、惺惺奴——猴、长耳公——驴、茸客——鹿、玄素先生——白鸥、灵寿子——龟、守门使——犬、鼠将——猫、辨哥——鹦鹉。可见武宗饲养琢磨动物，痴迷到了何等程度。

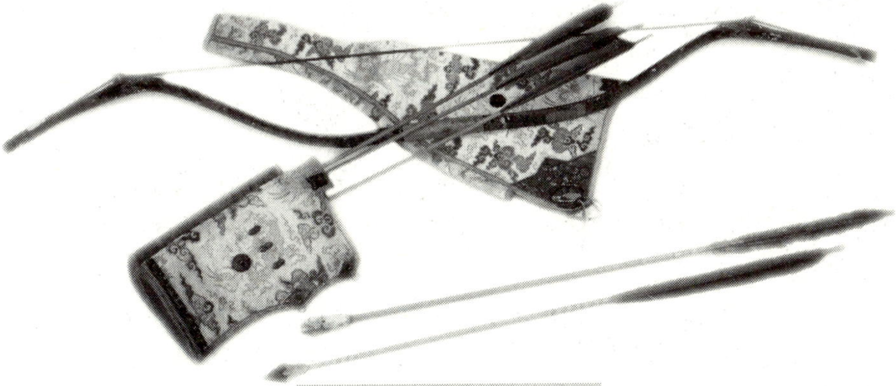
御用弓箭

唐昭宗李晔喜欢养猴。他为避藩镇之乱逃往蜀地时，还命人将其驯养的小猴一同带着随驾远征。小猴如同侍卫皇帝那样随班起居，惹得昭宗宠爱备至，赐以绯袍加身，称之为"供奉"。

元代，皇宫西苑北海畜养着大批凶猛的野兽。每逢举行大宴，皇帝即命人将饲养的各种野兽放出，皇帝与王公大臣、达官贵人们在远处遥观，以助酒兴，活跃气氛。据《辍耕录》记载，待虎、豹、熊、象等百兽一一走出圈内时，国外进贡来的狮子再威武地出现在凶猛的众兽眼前。此时，百兽看到不可一世的狮子张口露齿、咆哮怒吼状，再看它颈上毛竖立，肢爪强劲有力，那凶猛威严、强健的悍样，竟吓得众多百兽畏惧俯伏，不敢仰视之。

储秀宫

狮子虽不产于我国，而是来自外域，但它无疑地代表了皇帝皇权的威严，代表了一种神圣不容侵犯的尊容，它是皇帝们最宠爱的吉祥吉利的动物之一，因而也只有“百兽之王”的狮子，在紫禁城皇宫最显要处有它不可抹杀的一席之地。除在外廷华丽雄伟的太和门前有一对造型精美的青铜狮外，其在内廷的乾清门、宁寿门、养性门、养心门、长春宫门前左右两侧，各有一对鎏金铜狮，它们在阳光照射下，烁烁闪光，耀眼夺目。宁寿门前一对鎏金铜狮，乃按乾隆皇帝旨意，宫中造办处将两座旧天文仪毁掉后，铸造成的一对铜狮，五次镀金用去三百余两。

虎搏 明武宗帝朱厚照也是一位喜欢养兽、斗兽的皇帝。他为寻求刺激，不但喜爱“观虎搏”，还曾经在宫内与猛虎展开激烈搏斗，以至于“押虎而伤”，好长时间不能上朝听政。

豹房 武宗还在紫禁城皇宫西华门内另筑宫院，两厢设密室，名曰“豹房”，专门搜罗珍禽奇兽，捕捉虎豹充实其中。自从有了“豹房”后，武宗更加不理朝政，又不听劝谏，而是和一些宦官、佞幸小人整天在里面花天酒地，纵情淫乐。

一日，武宗豹房观虎搏斗，老虎忽然扑向武宗跟前，险些被咬，幸得江彬所救。但武宗却自鸣得意地说：“吾自足办，安用尔！”武宗在位十六年，除经常外出巡游外，多居于豹房中寻欢作乐，后于正德十六年(1521)三月死于豹房。

清初诸帝，尤其是康熙、乾隆皇帝，都喜欢骑马射猎。康熙在他宫廷后院的御花园中，饲养了不少小虎，待将它们喂大后，再放入苑囿围场，供他射猎取乐。这个养虎之地称为虎城，在咸丰十年(1860)被英法联军焚毁。

承德避暑山庄中也喂养着清朝皇帝在木兰围场围猎时捕捉的动物，如山庄苑囿中饲养着鄂伦鹿、马鹿、羊鹿、狍子、野猪、驼水驴、鹖鸡、仙鹤，还豢养了大象、虎、豹、熊、罴、俄罗斯犬、鸵鸟等禽兽类。其中有些动物，是皇帝过万寿节时各地官员或外国使节进献来的。

太平有象 乾隆年间，南亚各国总共向清廷贡象五十余只。乾隆五十五年(1790)，乾隆皇帝八十岁生日，南掌国(今老挝)国王为"庆贺万寿进象时二只与年贡驯象二只，并进"。各国进象云南边境地区为主要贡道。象只进入中国云贵一带后，再由地方督抚衙门负责转运护解入京，再从京护解至避暑山庄。一般外国贡使先行至避暑山庄为皇帝庆祝贺寿。

护解象只的差事极为辛苦。每次一般送两只大象，要求六十天到京。沿途经过贵州、湖南、湖北、河北、直隶各省，乾隆皇帝特谕旨，"经过各省添派妥员护送攒行，目不虞其任意迟缓"，"著沿途地方官护送照看，应用马夫食物从厚支给"。为此每站给夫二名，拨武弁一员、兵十名，以资防护长解，并备草料、口粮，住宿棚房、过渡船只等也给予便利。每只象，日给料谷三京斗、糯米四京升、稻草三十束，每束重八斤。护送象只者一路翻越穷山恶水，栉风沐雨，昼夜兼程，担惊受怕，自不必多言。总之，为保证皇帝在避暑山庄度过喜庆的万寿圣节，一定要在喜庆前将"太平有象"送到，以图吉利。

朝鲜使者朴趾源在其著作中，曾详细地记载了乾隆庆贺七十万寿节时进贡的情况："余从使者出长城，昼夜兼行，道见四方贡兽，车可万辆，又人担、驼负、轿驾而去，势如风雨。日既黄昏，益见车乘争道催赶，篝灯相照，铃驿动地，鞭声震野，虎、豹监押者十余乘。熊、罴、虎、鹿之类，不可胜记。"

围猎 避暑山庄不仅是一个巨大的绿色植物园，而且也是一个适于动物生长栖息的动物园。庄内林木繁茂，树木成荫，四望莽莽苍苍。动物在这样的环境中生长，自然日益繁殖兴旺。

而避暑山庄内豢养这些动物，主要供帝王围猎之用。

乾隆十六年秋，乾隆帝出古北口到热河避暑山庄木兰围场行猎时，意外地接受了蒙古台吉必力滚达赖献给他的一只不寻常的狍子。这只狍子毛色呈纯白如雪，眼睛又红如丹砂，实为世上罕见稀有的珍奇动物。据说，狍寿命可达千岁，而满五百岁者毛色即可变白。这年正值圣母皇太后六旬万寿，乾隆帝认为是奇兽显灵，应时而至，于是命名为瑞狍。故此，乾隆帝还谕令在清廷任职的宫廷画家意大利人郎世宁画了一幅《瑞狍图》。

清帝主要在木兰围场狩猎，即今河北省北部承德围场县，距避暑山庄四百余里，南连燕山群峰，北接蒙古坝上草原，层峦叠嶂，林木葱茏，群兽栖息，是一个极好的天然猎场。一次，弘历随其爷爷康熙同去木兰围场打猎，在永安莽喀围场，康熙帝用虎枪射倒了一只大黑熊。看到熊伏在地上许久不动，康熙以为它已毙命，便命御前侍卫领着弘历在离“死熊”近一点地方再补射一箭，想让弘历初次行围即得获熊之名。不料弘历刚刚爬上马背，那只倒地的大熊却忽然爬起，发疯般地朝弘历扑来，情况十分危险。侍卫们一时都慌了手脚，还多亏康熙帝眼疾手快，端起虎枪再射，才使弘历脱离了险境。

以后，每年木兰秋狝时，弘历都紧随康熙帝出征打猎。一次，他们行进至一座小山旁，有两个侍卫来报，发现了老虎踪迹，紧接着传来猛虎的呼啸之声。经验丰富的康熙帝断定老虎马上要下山了，传旨侍卫等作好猎虎准备。当康熙回转身刚刚把年少的弘历拉到身边时，忽见前方山上冲出一只彪形猛虎，向着他们爷俩儿冲了过来。说时迟那时快，康熙帝快速搭箭拉弓，只听嗖的一声，飞箭应声而出，将那只老虎击倒在地。康熙帝这才长吁出一口气，望着瞪大眼睛凝视老虎的弘历，问道：“你怕那只老虎吗？”弘历高声地说：“不怕！”康熙帝大为称赞，又说：“你在宫里不是给爷爷讲要剥老虎皮、吃老虎肉吗？现在爷爷给你一把宝刀，你去把老虎的肚子剖开吧！”弘历郑重地从康熙手中接过锋利无比的宝刀，毫不犹豫地策马向那只老虎冲去。当他看到老虎还喘着粗气、睁着眼睛时，果敢异常地从腰间抽出宝刀，刺进了老虎的肚腹。

乾隆帝猎鹿图

康熙帝热衷于围猎活动，而行围的目的在于习武，所以每次木兰秋狝，都披甲带箭，跃马持鞭。康熙五十八年，他总结自己一生与兽斗和射猎之战绩，并收入《钦定大清会典事例》中：“朕自幼至今，凡用鸟枪弓矢获虎一百三十五、熊二十、豹二十五、猞猁狲十、麋鹿十四、狼九十六、野猪一百三十二，哨获之鹿凡数百，其余围场随便射获诸鹿，不胜纪矣。朕曾一日内射兔三百一十八，若庸常人毕世亦不能及此一日之数也。”

据史书记载，康熙帝颇喜欢观赏猛兽之间的厮杀恶斗场面，所以特意驾幸南苑行宫观看，然后再在南苑行猎合围，若其他野兽不算，围中的麋鹿就达数百只，供皇帝狩猎为乐。这还不算，为保证帝王围猎顺心，王公贵族们可以猎获雕、狼、狐狸；为了保护苑内的珍禽异兽，康熙三十八年规定，可以打皂雕、虎斑雕、芝麻雕等，每猎一只赏银一两；四十八年还规定，猎获一只狼，赏银十五两。这些举措，无疑保证了苑内环境和生态平衡。

狩猎聚餐图

弘历即乾隆帝即位后，继承了祖辈“围猎以讲武事，必不可废，亦不可无时”的训谕，也是经常进行木兰秋狝活动。现故宫博物院珍藏有清人所绘《弘历刺虎图》，生动形象地描绘了乾隆帝等三人与猛虎对峙的惊险场面。

哨鹿养鹿

白鹿吉祥 古代帝王视鹿为吉祥动物，视为“祥瑞之兽”。若向帝王进贡白鹿，则将被认为是天子明惠及下之征。传说白鹿寿及一千五百年，而至五百年则色始变白，故又以白鹿为长寿之象征。

古代有向宫廷帝王贡兽以示祥瑞的记载，虽并不按期，而是随时进纳。贡白鹿来源主要有二：即外国或国内。据《宋史·符瑞志》载，黄帝时南夷曾乘白鹿来献。汉光武帝时，南夷骑白鹿贡鬯。关于贡纳白鹿献于宫廷记述有《晋书·宣帝纪》记青龙四年(238)贡纳白鹿；元康五年(295)又有平州献白鹿，载于《魏书·灵征志》，等等。

西汉王朝的大型苑囿“上林苑”内特建有“白鹿”等观，可见白鹿在帝王心目中有着不可取代的地位。

北魏道武帝拓跋珪结束西晋末年混乱而统一北方后，特意在南台之阴，即今山西大同附近崞县西南七十里处建起鹿苑。苑内殿堂巍峨，林木繁茂，池水荡漾，鹿鸣啾啾，是宫廷养鹿的好苑囿，也是北朝著名苑囿之一。

景山是历代皇帝的游兴之所，俗呼“煤山”。它是明永乐营建北京城时，将挖掘紫禁城护城河的泥土，在紫禁城正北方堆起了一座土山，当时取名为“万岁山”，清时改称“景山”。当时山周二里许，占地二十二公顷，山高四十二米。山上遍植郁郁松柏，翠色参天，铁干虬枝，层阴匝地，景物极幽。此山是豢养山鹤、鹿群的好苑囿，鹤鹿能在这座宫廷御苑安家，也最符合帝王追求“祥瑞”的心理，即取“松鹤延寿”之意。

清代皇家的热河避暑山庄内和北京南苑海子里，专门饲养着大批的麋鹿和各类品种的鹿。

鹿由地方官府进贡，据清代宫中档《内务府·礼仪类》记载，马兰镇（位于北京东北，是个山势险峻的关口）总兵进鹿最勤，每年贡小鹿二十只，至乾隆中期进鹿数目逐渐增加。

马兰镇一带山环水绕，重峦叠翠，草木葱茏，人烟稀少，是飞禽走兽栖息生存的地方。乾隆初年，马兰镇总兵开始派人将深山老林中捕捉到的小鹿进献宫廷，活鹿很受皇帝的赏识。因为，所进鹿将用于皇家坛庙祭祀。据清档记载：“乾隆三十一年二月初一日祭关帝庙用活鹿一只，于正月二十七日送所”；“初七祭先师孔子用活鹿三只，于初三日送所”；“初十日朝日坛用活鹿一只，于初五送所”，等等。据档案统计，乾隆三十一年仅祭各坛庙就用活鹿三十九只。

哨鹿　据史料记载，木兰秋狝是康、乾、嘉诸皇帝在热河期间最经常、最重要的活动。康、乾、嘉三代皇帝共在木兰围场举行秋狝一百一十次，其中康熙年间四八次，乾隆年间四七次，嘉庆年间十五次。

康熙皇帝于康熙二十年（1681）建立了木兰围场，作为皇家行围狩猎的禁地。围场方圆五百余公里。皇帝于每年中秋节后，带领满汉大臣、八旗劲旅、蒙古王公等大批人马到离热河一百五十余公里的木兰围场（即今河北围场县）去行围狩猎。

康熙五十八年（1719）时，康熙帝自诩说：“朕自幼至今，凡用鸟枪弓矢获虎一百三十五、熊二十、豹二十五、猞猁狲十、麋鹿十四、狼九十六、野猪一百三十二，哨获之鹿凡数百，其余围场随便射获诸兽，不胜纪矣。”

所谓“哨鹿”，是根据鹿只于秋分前后求偶繁殖的特点，进行诱捕的一种方式。其具体围猎的方法是：黎明前，皇帝率领捕鹿的亲随、侍卫等，踏着早霜，悄悄地藏迹于山林里。由侍卫身披鹿皮、头顶鹿头，装扮成假鹿，口吹木哨，模仿公鹿的叫声，以吸引求偶的母鹿。一只公鹿往往能吸引许多只母鹿。待母鹿闻声循迹而出的时候，皇帝则率捕鹿人等，用火枪将鹿只击毙。

康熙四十八年秋天，皇帝远出行围，在水草茂盛的巴颜陀罗海附近，出乎意料地猎获一只奇特的梅花鹿。一般鹿角都分为二叉、四叉，或多至为六叉，也有分为八叉的，但已极少见，因须数十年才能长成。而超过八叉的梅花鹿，为世间所稀有。但康熙帝猎获的这只梅花鹿角长七尺九分，鹿角分为十六叉，世间所罕见。据史书记载，十六叉之鹿角者，不过千万分之一而已，因此康熙认为这是一只瑞鹿。

哨鹿图

乾隆朝时，意大利人郎世宁所绘的《弘历哨鹿图轴》、董诰绘的《一箭双鹿》等，都十分形象而又生动地描绘了乾隆皇帝哨鹿行围的纪实情景，留下了不可多得的历史资料。乾隆帝在狩猎中猎杀了两只公鹿，并割下鹿角，回到清宫交给内务府造办处，令其制成了两张鹿角椅，并在鹿角椅上铭刻题诗。

嘉庆帝未登基前曾随驾乾隆皇帝屡次入木兰围场哨鹿，亲见"长林丰草，牲兽最多"，"所放鹿只动以千百计"。自乾隆五十七年(1792)以后，由于乾隆帝年事已高，兼以连年雨水过大，冲坏路桥，因而屡次停围。待嘉庆即位后，由于体弱多病，乃至嘉庆七年才首次进围场哨鹿，但此时"鹿只已属无多"了。其主要原因一是木兰围场内乱砍滥伐，绿野木林任意焚毁，致令牲兽惊逸四散。二是偷猎牲兽，偷捕鹿只，私取鹿茸，盗卖营利。至此，从嘉庆八年连续十余次入围场查勘，但未见麋鹿踪迹，致使嘉庆帝无可奈何地下旨停围；十九年时，嘉庆帝确感木兰围场鹿只稀少而停止了秋狝。

舞马·养马

漫话宝马 在我国历史上，历朝历代帝王都离不开宝马良驹，因而各朝宫廷都豢养有大批御马。早在《诗经》中就有以优美的诗句，来描写秦马飞跃的骄姿和赞颂秦养马的篇章。

据史书记载，西周时，部落首领非子定居犬丘（今陕西兴平市东南），“好马及畜，善养息之”，养马业便逐步发展起来。周孝王姬辟方闻之，就召他在汧渭一带养马，“马大蕃息”，因此将他封于秦（今甘肃秦安），号秦嬴。秦人善养马，伯乐就是这一时期出现的以相马著名的人，特著《相马经》一书。他识别“秦马之良”，要那种“探前厥后，蹄间三寻（八尺一寻）者”的宝马良驹。古书记载了秦始皇统一中国，在“战车万乘、奋击百万”的古代战场上卓卓有功的七匹著名的战马：追风、白兔、蹑影、追电、飞番、铜雀、晨凫等。

《战国策·燕策一》记载了这样一个故事：燕昭王求贤，郭隗对他说：“从前有位国君，用千金求千里马。但三年也没买到一匹。一个内侍请求为国君去买。国君给他千金。三个月之后，打听到千里马的消息，但马已死了。内侍就用五百金把死马的头骨买了回来。国君大怒，说：‘我要活千里马，谁让你用五百金买个死马头？’内侍答曰：‘死千里马头还花了五百金，何况活马呢？天下知道这消息，就会把马送来的。’果不其然，不到一年就买到了三匹千里马。今天你如真心求贤，请先从我开始。我假如受到重用，那些比我本领强的人就会自动跑来的。”于是，燕昭王专门为郭隗修建了宫室，并待以师礼。不久，乐毅等人就来到了燕国，帮助燕昭王打败了齐国，报仇雪恨。通过这则故事，可以看古代君王求千里马之心，强似求贤。

骏马图

马是古代日常生活和军事战争中重要的畜兽，也是各诸国皇朝贡纳的常见物品。马匹主要来自北方、西北地区。《汉书·西域传》中即有大宛国向汉朝宫廷贡纳名马“汗血马”的事。《史记·大宛传》记载：汉武帝“初得乌孙马好，名曰：‘天马’；及得大宛汗血马，益壮，更为乌孙马曰：‘西极’，大宛马曰：‘天马’。”自此以后，历代统治者都以得到这两地的好马为荣。米芾书《天马赋》，纵横骞翥，高度赞颂了天马“翘举雄杰，高标雄跨”的英豪之风和“跃溪舒急，冒絮征叛直突”的勇猛斗志；“一旦天子巡朔方，升乔岳，扫四夷之麈，较岐阳之猎，则飞黄袅腰，策云追电”其天马的神韵风采已跃然纸上。

古代龟兹为西域城国（即今新疆库车县一带），贡物多为土产及良马等。贞观四年(630)曾遣使贡良马，唐上元中龟兹素稽曾贡入银颇罗及马。于寘（即今新疆和田一带）在唐上元年初年，其王率子弟酋领七十余人来唐并派人献马。《酉阳杂俎》一书中也记载了唐代骨利斡国贡名马百十匹。

昭陵为唐太宗李世民的陵墓，其北面玄武门内东西两庑，立有举世闻名的“昭陵六骏”浮雕。六骏为唐太宗当年所骑六匹战马，据传六骏之形出于唐著名画家阎立本之手，有的奔腾欲飞，有的垂首侍立，有的放步缓行，神采各异，栩栩如生。

舞马 盛唐时期盛行“舞马”技艺。所谓“舞马”，是在某种音乐的节奏声中，翩翩起舞。据传，舞马始于南北朝时期，当时在南蕃国一带人工驯马，做出跪拜及舞蹈动作，后将其作为奇物呈献给皇帝。

唐玄宗开元、天宝年间，皇宫内舞马场面蔚为壮观。如在皇宫盛大宴筵上，随着宫廷音乐的奏起或民间传统乐曲“倾杯乐”的欢快节奏，一百匹形体矫健，毛色美观，“衣以文绣，络以金银，饰以鬃鬣，间杂珠玉”的马伴随音乐欢腾舞蹈。舞马匹匹“骧首奋鬣，举趾翘尾，变态动容，皆中音律”。在舞马达到高潮中，只见少年骑手骑马出场，跃上三层重叠起来的“画床”，马载着人在小榻上旋转如飞；最后由大力士出场把画床双手托起，床上马仍舞跃蹄踏。马舞毕后，还要向人们跪拜行礼，并衔杯劝酒，此即“舞马衔杯”。

这种十分热闹的舞马场面，被一些文人记录下来，陆龟蒙在《舞马》中诗云：

月窟龙孙四百蹄，
骄骧轻步应金鞞。
曲终似要君王宠，
回望红楼不敢嘶。

此诗形象生动地将百匹舞马的神态形容了出来，这是为庆贺皇帝的“千秋节”而进行的舞马活动。

在陕西西安市南郊何家村出土的一件银壶上，一匹鎏金马体态壮美，后腿屈蹬，口衔酒杯作跪拜状，马尾不停摆动，鬃毛上的绸结迎风飞扬，生动活泼。这即是在盛唐时期盛行一时的舞马技艺。

画马 历朝历代宫廷中养马、贡马已成惯例，帝王们也以马代步，狩猎、游幸及宫廷典仪都要用马显示其皇权威严。同时古人对马也很有研究，在《诗经》涉及马的色状就达十六种。从伯乐、九方皋的相马，到班固所载的《相六畜》、从马援研究铜马到武威出土“马踏飞燕”，无不说明古人对良马都有着深入的研究。古代文人亦常以马为题材，泼墨作画。

李公麟是历代公认的画马名家，人称“宋画第一”。他经常到皇家骐骥院对御马写生，观察马的习性和动态，画了大量精彩的图稿。因为李公麟写生十分逼真，乃至养马人都怕他把马的魂画走，经常恳请他不要再来画了。他画的《五马图》，是用白描法画在澄心堂纸上的作品，也是流传下来的李公麟的两件真迹之一。画中有五匹马、五个人，每画旁还有当时著名书法家黄庭坚的题字。

李公麟所绘《五马图》上的五匹马，都是骐骥院的御马。第一匹是于阗(今新疆西南部)进贡的大花马，叫“风头骢”；第二匹肩上有块方形花斑，白鼻梁，叫“好头赤”；第三匹是白马，叫“夜照白”；第四匹是大灰马，叫“锦膊骢”；第五匹是碎花马，画上无题字，据画史记载认为是叫“满川花”。

五匹马有的驯服地低头站立，有的抬头注视前方，有的似乎还在走动，有的兴奋地刨着后蹄，“满川花”精神尤为饱满，昂头挺脚，短短的尖耳机警地竖着，两眼警觉地注视前方，鼻子和嘴还在喷着气，正甩着尾巴自由自在地走来……从李公麟的《五马图》上，后人终于可以领略皇帝御骑的佼佼雄姿了。

贡马　皇帝骑的御马都是各地官员进贡的最好的良马。而且史书记载也较详。如宋代时期的白蛮族为主体建立的大理国(故址相当于今中国云南全省、四川西南部)，其国王曾被宋封为云南节度使、大理王等。1117年，该王选出最好的马，遣使入宋贡马三百八十匹。

明代于贡马定有条例，规定马匹毛色等由布、政等二司验查，并将收授之马交军操练使用。明典籍中所载贡马事更多，贡马的使者主要来自撒马尔罕、瓦剌、辽东等地区。

堆秀山

明末清初，清太宗皇太极与蒙古各部交往较多，清也多次派兵攻打蒙古部落，最后将其征服。崇德三年(1639)蒙古车臣汗、土谢图汗、萨克图汗派使者向清太宗献白马八匹、白驼一峰，称为“九白”。

仗马　清代顺治朝定鼎燕京后，南朝抗清首领张煌言在其所著《建夷宫词》一书中，为其戎马倥偬间有感于时政而发。其诗词写了他们保护着明妃侍猎和乘千骑出游的镜头，其诗云：

平明供奉入彤闱，亦舞霓裳唱羽衣。

千骑骖驔知侍猎，挥鞭驰道拥明妃。

清代帝王自“以弓矢定天下”、马背上夺取政权后，对“娴习骑射”有具体典制规定，对马匹也有保护措施。他们对征战立功的战马有着十分特殊的感情。早在清天聪六年(1632)定仪仗之制；十年改元崇德，始定御仗数目及品官仪从。规定了在所备祭告天地、行受尊号礼的“大驾卤簿”中设马十匹，称之为“仗马”。其后在清代各朝廷典制盛会礼仪中都设有“仗马”，以示不忘祖宗打天下和以壮皇权的神圣威严。

上驷院　清代上驷院直接为皇家管理马匹、车辆的专门机构，直属于管理宫廷事务的内务府，位于内务府直属三院之首。它渊源于明代二十四衙门中的御马监。明代御马监由太监掌管，负责御厩诸事，其职掌与兵部相关。清代上驷院设阿敦侍卫二十一人，负责随侍皇帝，骑试“御马”兼验看所收新马烙印，其中八人为骑溜御马侍卫。此外还有司鞍长、司鞍、司辔三十人，负责管理马鞍、马辔等物；蒙古医生、治癫医生及兽医若干人，负责治疗驼马之病。

亦设有上驷院位于紫禁城内东华门北三座门内，管辖三厩马，即上乘御马一厩，皇子良马一厩，对子马一厩。另外，上驷院在紫禁城外即京城内设有十五马厩。这十八厩马在康乾时期有二百余匹。皇帝实际所乘马不过数匹而已，每匹都食三品俸，但上驷院每年官俸、马食料及一切开支竟达十五万两以上。

这十八厩所养马匹中有御马、走马、仗马、对子马、驽马、小马、内养马等名目。其中御马供皇帝亲自骑用，走马供皇子在宫内骑用，小马是宫内演戏的道具，内养马供挑选御马。御马由商都达布逊诺尔骒马群中选出，经围猎人员骑驯后送进京城，交南苑喂养，驯之有素后再送入宫廷供皇帝骑用。

十八厩共设厩长十七人，厩副三十五人、厩丁三十五人、管领下披甲人八十人、草夫五百八十六人。

清代属上驷院管辖的还有盛京大凌河牧场、养什牧哈达牧场察哈尔达里岗崖和商都达布逊诺尔牧场。乾隆十九年，大凌河牧场牧养骒马三十四群，约计一万四千匹；达里岗崖及商都达布逊诺尔牧场，共计牧养骒马约计十一万匹。

赛马　康熙、乾隆两帝还经常在避暑山庄举行规模宏大的赛马比赛，有诈马、教駣等活动，一则庆祝木兰秋狝圆满结束；二则向蒙古王公告别。届时，皇帝要举行盛大隆重的宴会，犒赏蒙古王公乃至蒙古兵丁，并依次颁赏，气氛十分热烈。通过这一活动，以示朝廷怀柔尚武之意。

清俗尚武，素有“马背上的民族”之称。每逢春秋两季，皇帝便要穿上加厚的短衣，乘马在南苑进行围猎或演习射箭，还要进行军事检阅。意大利郎世宁绘《清高宗大阅图》，绢本设色，画幅纵三百二十二点五厘米、横二百三十二厘米，画的是乾隆皇帝擐甲胄、乘马、佩弓矢阅兵的肖像。从乾隆二十三年始挂在南苑行宫。以此来表示后代皇帝不忘祖先的尚武遗风。

据《旧都文物略》记载：南苑在旧都永定门外二十里。志称，缭垣一万九千二百八十丈。为九门：正南曰南红门，东南迴城门，西南黄村门，正北曰大红门，正东东红门，东北双桥门，正西西红门，西北镇国寺门。内有海子五，故又名“南海子”。元时为下马飞放泊，有晾鹰台，高六丈，径十九丈有奇。园径百二十七丈。本元仁虞院，明清两代，大阅于晾鹰台举行。清代康熙帝也经常驻跸于南苑团河行宫，乘骑御马狩猎或大阅。

故此文人们留下了许多诗篇，详细记述了皇帝骑着御马、手持雕弓的情景。

齐召南《南苑大阅恭记》诗云：

祃牙金甲照南山，军令重申晓自颁。
三阵指挥天地命，百年清晏虎貔闲。
笳风羽箭十凋落，苑雪桃花万马还。
共说至尊雄略盛，御园亲取大弓弯。

诈马　我国古代有诈马这项体育活动，在清代则更为流行于宫廷。每年康熙、乾隆及嘉庆帝在承德避暑山庄筵宴时都要举行诈马、相扑、什榜和教駣活动，其中尤以诈马、教駣来突出蒙古旧俗，同时表现出骑士高超的骑术功力。在这项筵宴活动中以乾隆朝最为突出，不仅史书记载详细，而且

马技

名画迭出，多出于宫廷画家之手，以其纪实性的笔法，真实地再现了清廷塞外这一热闹非凡的场面。如清人绘《塞宴四事图》充分地表现了这项体育竞技比武运动，而且画上端还有清臣于敏中书乾隆御制诗四首并序，分别说明塞宴“四事”活动。

诈马，即表现幼童赛马。《塞宴四事图》中上方有三十四五名少年，身着长袍和脚蹬蒙古靴，骑在马背上，一手拉紧缰绳，一手奋力挥鞭，作策马飞奔腾跃状。每匹坐骑姿态各异：有的昂首飞奔，使人感觉有呼啸之风；有的回头顾盼，大有紧张又不愿落人后的仓皇之措。画面上每个表演者都形象生动逼真，场面紧张热烈，令人时而奋起，赛事精彩纷呈，让人目不暇接。

教驰　教驰，即套马、驯马。《塞宴四事图》卷上方有骏马数匹，一人身着长袍，手执套杆，骑马冲入马群，套住了一匹烈性难以驾驭的骏马。画面中真实地再现了烈马企图挣脱羁绊，仿佛那狂啸嘶鸣之声即在人耳畔，那马蹄击碎之声又令人有身临其境之感。

晚清时期，这项清廷十分有意义即“不忘祖宗打天下”的融合了强烈民族意识的活动已逐渐失去了魅力。马，已经成了他们的附属品。乃至于光绪庚子年，慈禧仓皇逃离紫禁城时，曾懿旨调拨上驷院的马匹，以供备护驾官吏们乘骑。若按上驷院在登记册马匹数量、供食喂养方面，应该可提供调用一百八十六匹马，可实际上御厩中仅有七十二匹，而且不是老弱病残者即是幼驹，实在无法护御驾使用。慈禧太后大发雷霆，一定要回銮后清算此账，但面对如此衰败情景，慈禧最终也只有无可奈何而已。

宠猫养猫

明代宫廷不爱养狗，却偏宠爱养猫。宫中设置了专门养猫机构称“猫儿房”，由宦官专职管理，以精心饲养在御前有名分的猫。

皇宫内，无论封建等级制度怎样森严、贵贱高低差别如何，上至皇帝、后妃，下至大小太监、宫女，都无不以养猫为荣，宫内养猫成风之盛，势头不减。那些在御前受到皇帝、后妃宫眷们所宠爱的猫，不仅授予封号、官衔，而且还可以和王公大臣及官员那样，享领赏赐。凡皇帝所宠爱的猫，要加以封名，明宫内饲养的这些猫，并不是为了捉捕老鼠之需，而完全是为供帝王皇家嬉玩耍闹消遣时的玩物而已。

明宫中养猫泛滥成灾的是嘉靖朝，最喜欢猫的皇帝也应是嘉靖皇帝。嘉靖皇帝最宠爱宫中的两只猫。一只是嘉靖初年时所驯养的狮子猫。此猫全身毛色呈淡青色，卷曲、滑腻，唯有双眉“莹然洁白”如雪，嘉靖皇帝赐予美名“霜雪”。这只猫非常善解人意，性格温顺、驯良，从不乱噬乱咬，日夜陪伴嘉靖皇帝身旁，十分乖巧。有时嘉靖皇帝眼睛目盯着“霜雪”，它必逃匿不知去向，但若急呼其名寻它时，“霜雪”又会疾步奔至主人身边，而且还会蹦跳舞蹈，真好似一名片刻不敢须臾远离的御前太监。

“霜雪”还十分有灵性，熟悉嘉靖皇帝的习性，每当招呼它或将出宫行幸，它似有所知，跑到皇帝前面作先导，仿佛是个御前仪仗官。而一旦嘉靖皇帝在凭几上闭目养神打盹之时，“霜雪”又乖乖地在他怀内相依而卧，不动声色。即便“霜雪”是饥渴或便液，也要等主人醒来之后，才忙不迭地跳下地面跑到屋外去方便。因此，“霜雪”深受嘉靖皇帝的爱怜，特封之为“虬龙”。

某日，“霜雪”面有“若疲而泣者”之态，蹒跚地来到嘉靖皇帝身边，转悠几圈之后方依依不舍地转身离开。后来，宫里人发现它已经蟠曲死去了。“霜雪”死后，嘉靖皇帝痛惜不已，这时他才理解了这只猫，为什么“若疲而泣”般地来和他诀别的情景。为此，嘉靖皇帝命人将“霜雪”隆重地掩埋在万岁山的北坡上，给予它“忠无不酬”、“生荣死恤”的待遇，旨命特立了一块碑，上题“虬龙墓”三字。

嘉靖另一只宠猫名“狮描”。“狮描”死后，嘉靖皇帝为其制作了金棺材，又命在朝当值的丈人学士袁炜，按道家之法设坛祈祷，写致天神的表章青词来作祭文，以示悼念。因袁炜诌出了一句“化狮为龙”词语，深受嘉靖皇帝的赏识，不久即被提升当上朝廷内的大官。

闲情逸趣

坚冰之戏

冰嬉即滑冰，又叫坚冰之戏，是皇朝宫廷中冬季的一项冰上体育运动，也是我国古代体育的一大重要内容。古代有关滑雪、滑冰记载，最早见于《隋书》。在一千三四百年前，居住于大兴安岭林区的室韦族即“骑木而行”。所谓骑木而行，元人解释：“木马形如弹弓，长四尺，阔五寸，一左一右，系于两足，激而行之雪中冰上，可以及奔马。”这里的骑木，实际上是滑雪乘之滑板。

据《宋史・礼志》记载，宋代即有冰嬉运动。每年冬至日及腊梅盛开之际，宋朝皇帝照例要“幸后苑观花，作冰戏”。宋人沈括在《梦溪笔谈》中也有“凌床”的记述。

冰床 明清两朝宫廷的冰嬉活动更加热闹非凡，其中之一即是冰床运动。

明代熹宗皇帝就非常喜欢在紫禁城皇宫西侧的太液池（即今北京南海、中海和北海，统称"三海"）内嬉冰玩耍。《明宫杂咏·熹宗》诗云：

琉璃新结御河水，一片光明镜面菱。

西苑雪晴来往便，胡床稳坐快云腾。

冰嬉图卷（局部）

所谓熹宗皇帝冰嬉，不过是以木板作拖床，床面较窄，两边各一块两端上翘的木板，下安铁条用横木连接两板，四周围上红色围栏，四角立柱支撑顶盖，四周挂以帷幔，里面放坐榻。拖床因类似于塞北的雪橇，故称之"胡床"。熹宗皇帝坐在拖床上，让御前侍卫们分头助力，一边在岸上用绳索牵引另一边则在拖床前后引导推行，一旦奔跑起来，拖床稳健而速度极快。

清代乾隆和道光年间，乾隆、道光皇帝常奉陪皇太后阅视三海，并乘坐冰床（即拖床），如果有蒙古王公来京师时也一同前往西苑，御赐坐冰床随行。

滑冰 冰嬉表演首先是滑冰，即速度滑冰。它是作为每年冬天皇帝检阅军队技艺项目之一。清人潘荣陛《帝京岁时纪胜》曰："冰上滑擦者，所著之履皆有铁齿，流行冰上，如星驰电掣，争先夺标取胜，名曰'溜冰'。"富察敦崇《燕京岁时记胜》曰："冰鞋以铁为之，中有单条缚于鞋上；身起则行，不能暂止。技之巧者，如蜻蜓点水，紫燕穿波，殊可观也。"只见八旗兵士们个个脚蹬冰鞋，"护膝以芾，牢鞋以韦"，排开阵势，整装待发。

"蹴鞠之戏" 也称"掷球之戏"或曰"蹙鞠"。进行"抢球"比赛时，兵分左右两队，每队数十人，各有统领，分位而立，左队人员穿红衣，右队人员穿黄衣，阵形排列整齐后，由御前侍卫将以革制成的皮球踢至两队中央，在球将堕至中央点的一瞬间，众兵群起而争抢之，得球者互掷之，然后众兵在喧笑驰逐中复抢之。队员们你争我夺、手脚并用，其激烈拼抢程度惊心动魄，又能使皇帝和王公大臣、文武百官们陶醉在怡情悦目之中。

“蹴鞠之戏”中还有执事者给予打分，即所谓“执事者中立而不倚，争捷者有前而无回”，对于便捷最终得胜的勇敢者，会得到皇帝赏赐的重奖。这种冰上的“蹴鞠之戏”，是锻炼军中将士勇往直前用以习武的最好的训练方法，同时也是不忘祖宗打天下，乃至承袭“昔黄帝作蹴鞠之戏以练武，盖取遗意焉”。

运动 冰上“较射”运动，也称“转龙射球”，是清廷每年冬天举行的一项规模宏大的盛典，由朝廷在八旗官兵中“照定数各挑选善走冰者二百名”，“于西苑三海验冰习武”。所谓验冰，就是检查冰层厚度，要击声如石，方可上冰，以防较射时因人多冰裂而发危险。按照清朝典制，届时有较射选手达到近二百余人，要在冰上进行比赛表演。赛场设三个饰有彩旗的旗门，门上方正中悬一彩球，作滑射之用。特别是在将近御座处设旗门，上悬一球，曰：“天球”；下置一球，曰：“地球”。参加较射的将士分兵丁为二翼，每翼头目十二名，服红黄马褂，其余的身穿红黄齐肩褂，除射球兵丁十六名外，还有身穿马褂背小旗的幼童四十名。按八旗名式进行。走队时，按八旗之色，各旗选手紧随其后，沿着画好的弯曲冰道迅速滑行，以一人执小旗前导，二人执弓矢随行于后，整个队形远远望去，犹似如蜿蜒之龙。

冰上杂技表演 表演者除八旗军士外，还有儿童，表演形式多种多样，内容极为丰富。《冰嬉图》中生动地描绘了冰上杂技的各式花样，有“大蝎子”、“金鸡独立”、“哪吒探海”、“鹞子翻身”、“仙猴献桃”、“童子拜观音”、“凤凰展翅”、“双飞燕”等翩翩起舞的形象，还有名目繁多的令人眼花缭乱的飞叉、耍刀、弄幡、缘竿、使棒、溜滑倒立、叠罗汉等。精彩的冰上表演，使冰嬉活动上升到新的高潮。

晚清冰嬉 随着清朝的统治进入稳定时期，原来纯属于军事演习性质的冰嬉活动，也逐渐演变为专供皇宫贵族娱乐的竞技活动。清中期，清政府日趋腐朽，白银大量外流，特别道光年间内日见空虚，国家内外交困，道光皇帝不得不命内务府上三旗停止冰嬉，对其参加冰嬉活动的选手，仅给半赏银两而已。

马球运动

溯源 马球始于东汉，是中国古代流行的运动项目之一。马球运动即骑在马上持棍打球，古代称之为“击鞠”，又称之为“打球”，它要求运动员们不仅具备强壮的体魄，高超的骑术与球艺，更要有勇敢、灵活、顽强、机智的素质。

马球的打法是骑在马上用球杖击球，球杖长数尺，也用木料制成，头部称杖头，形状像似月牙。来形容人们挥杖击球时的情景。唐代诗人非常生动地描写了马球场赛十分紧张动人的情景：

球惊杖奋合且离，
红牦缨绂黄金羁。
侧身转臂著马腹，
霹雳应手神殊驰。

古代马球运动所用的球，形体不大，是由质地坚、弹性好的木料制成如拳头大小的木球，再将中间掏空，外面涂上朱红色漆等鲜丽的颜色，因此古人又美称马球为彩球、画球、珠球，等等。

我国古代有关马球的最早记载，见于公元三世纪著名诗人曹植所写的乐府诗《名都篇》描写"京洛少年"们穿着鲜丽的服装，佩着宝剑，挟着雕弓，"长驱上南山"去打猎。打猎归来，饮宴之后，就在马球场上练习骑术和进行追逐比赛，有诗云"连翩击鞠壤，巧捷唯万端"，此诗高度赞扬了马球健儿们跃马奔驰、挥杖击球的英武气势与娴熟技巧。

北京故宫博物院藏有一件传世珍品——打马球图铜镜，其外形作八瓣菱花状，铜质极佳，纽作球形。铜镜背中心画面是四个骑马的马球运动员，两人一对，手持前端似偃月的曲棍，骏马飞驰。运动员姿态各异，有的作击球状，有的作抢球状，有的似作迎战的准备，马球在空中飞舞，画面生动地表现了马球运动争夺中的激烈场面。

兴起 马球运动真正盛行的时期是唐代。除唐代韩干绘的《宁王调马打球图》外，陕西长安韦洞墓出土了唐击球俑，男女骑马俑共八十八件，其中有许多是击球俑。他们右臂的动作是在挥舞球杖，有的附身击球，有的跃马持杖，有的则紧握球杖注视前方。陕西乾县章怀太子李贤墓出土了距今一千二百余年的壁画《马球图》，全图高一百三十——百二十厘米，长六百厘米，它以众多的人物、宽阔的背景，生动地再现了唐代打马球的形象，在古代的体育文物中堪称珍品。

尚武练兵 唐太宗统治时期，唐朝出现了史称"贞观之治"的繁荣景象。他积极提倡武备，认为"忘战则民殆"，在其尚武治兵的思想指导下，不少骑兵将领将马球运动作为训练军队的一项科目来进行。唐代节度使张建树年事已高，仍于军中统率重兵，为适应军事生活需要，张建树常和军士们一起习蛇矛、打马球。他曾作过《酬韩校书愈打球歌》：

护军对引相向去，风呼月旋明光开。

俯身仰击复傍击，难于古人左右射。

齐观百步透短门，谁羡养由遥破的。

挥杖击球的杖巧与实战中的挥刀砍劈有许多相通之处，因此，在唐代军队中马球有极其重要的地位。此外，唐代神策军专门设有“击球军将”一职，负责习练马球，陪皇帝击球或做马球表演赛。因此，唐代军队中出了不少马球健将，有的竟因马球技术高超而获高官厚禄。如神策军中的周宝和高骈二人，原先都只是近卫军队中的“击球军将”，后因球艺高超得到唐武宗的赏识，被封“金吾将军”，后出任节度使，作了执掌一地军政大权的高官。

宫女击球 唐朝宫廷中的马球热，绝非只是皇帝、王公贵族的专利，其马球赛受人喜爱的盛况已波及到宫中及贵族女子。女子打马球，在我国文献资料及古文物中不乏其例，五代后蜀主孟昶宠妃花蕊夫人所作《宫词》中的一首诗，即是描写宫女击球的，其诗云：

自教宫娥学打球，玉鞍初跨柳腰柔，

上棚知是官家认，偏偏长赢第一筹。

唐墓中不仅出土男俑，而且还有女俑。江苏出土的唐击球图铜镜为研究我国古代击马球，特别是妇女击马球，提供了宝贵的文物资料。这面铜镜与故宫博物院藏击球图铜镜相比，尺寸略小，但造型与纹饰基本相同：半圆钮，形如菱花，虫蜂花枝纹缘，主要纹饰是四个英姿勃勃的女骑手在驱马击球。图中共两球，每两人争逐一球，工匠艺人精工细琢，利用骏马的奔跑、骑者的动向和球杖的挥舞，巧妙地组织成有联系、有呼应，又富于变化的环形装饰带，图案效果活泼生动，富有情趣。

宋人绘有《明皇击球图》卷，纵三十二点一厘米，横二百三十二厘米，画面描绘了唐玄宗李隆基和宫中妃嫔们骑马击球的情景。其诗云：

宫殿千门白书开，三郎沉醉打球回。

九龄已老韩休死，明日应无谏疏来。

马球竞赛 宋代的大明殿专门设有马球场，以实现宋太祖赵匡胤“以兵马定天下”的要旨，因两宋时期民族矛盾十分尖锐，故以打马球来训练武装力量，以备无患。宋太宗还专门旨意有关部门研究并制定了马球竞赛的规则。

军中马球 宋代孝宗立志为收复北方失地，完成祖国统一大业，极力提倡武攻，讲练军事，其中一项重要内容就是打马球。他把安逸的宫廷生活，视为消磨意志的毒酒，常以陶侃为榜样，“躬御鞍马”，带头演练军事，锻炼身体。据《程史》载：孝宗“时召诸将击鞠（马球）殿中，虽风雨亦张油帘，布沙除地。一日，上亲按鞠，折旋稍久，马不胜勚，透入庑间。檐甚低，触于楣，夹陛惊呼失色，亟奔凑，马已驰而过。”

南宋著名诗人陆游有不少诗篇记述了当时军队的马球活动。因他经常看到军中供打马球用的战马，都是从洮州骏马群中挑选的。陆游《冬夜闻雁有感》诗云：

从军西戍南山边，传烽直照东骆谷。
军中罢战壮士闲，细草平郊恣驰逐。
洮州骏马金络头，梁州球场日打球。

宋代皇朝把马球运动作为军队练兵的重要手段，千万匹训练有素的战马与宽阔规则的马球场，为军队开展马球运动，提供了必要的条件。

马球器材 明代中叶，马球逐渐丧失其激烈争夺的竞赛性，而朝着以表现个人技巧为主的表演性方向发展。这样，为了适应表演的需要，马球运动器材已有了很大的变化。据《日下旧闻考》记载，马球杖改为长藤柄，改木头小圆球为皮缝软球。这种球可以用藤柄杖挑弄抛接，不会坠地，最终打入球门为胜。

明《宣宗行乐图》卷描绘了明代第五位皇帝宣宗朱瞻基在宫中行乐的情景。该图卷绢本，设色画，纵三十六厘米、横六百八十八点五厘米。无作者款印，应系当时供奉内廷的不知名画家所作。全图共分六段，其中即第三、四段，描绘有朱瞻基观赏和打马球的场面。

《宣宗行乐图》第三段，只见朱瞻基双手扶膝坐在椅上，神情专注。周围侍从环列。场上一人乘马举旗前奔，后面一人挥舞球杖驰向球门，身后数骑持杖等待上阵。二骑间有一球门，长方形，下部有一椭圆形洞孔，似是将球打入洞中方为胜。最有趣的是球门上画有表现打球全过程的场面，六骑奔腾，挥杖击球。

第四段，朱瞻基亲自手持马球杖立于球场中，挥杖击球。面前是两株树梢纽结的松树，下部呈长方形，以为球门。球门两侧有长方形地面作为球场，每块上置小彩旗五面。

除皇朝宫廷以外，当时在民间月令节日集会中，也有马球表演的记载。《匏翁家藏集》中的“京师胜日称燕九，少年尽向城西走，白云观前作大会，射箭、击球人马蹂”。这里反映出平民百姓对观看欣赏马球，也是很有兴趣的。

中国古代马球，由以军事训练为目的竞赛，向表演性比赛的演变，使马球丧失其练武强兵的战略意义，而成为一种追求表现个人技巧的嬉戏表演，从而也就必然导致了马球运动的衰落。因而，中国古代马球至明末清初，终于逐渐消失。

蹴鞠之戏

我国古代的足球叫“蹴鞠”，也称“蹋鞠”、“蹵鞠”或“踏鞠”，是古代皇朝宫廷的一种娱乐活动。“蹴”即指用脚踢。“鞠”，据《风俗通》云：“毛丸谓之鞠”；《广韵》云：“今通谓之球子。”鞠实以动物皮为囊，缝制成圆形样，里面充实富有弹性的毛发。我国古代充气的足球，则是在唐代开始出现的。

蹴鞠在中国古代历史上相当普及，上至宫廷帝王皇家，下至平民百姓，无不喜爱这项球类运动。据文献记载，如汉成帝、唐僖宗、宋太祖、宋徽宗等，无不好玩此道。

起源 传说在黄帝时即已出现。据《轩辕黄帝传》、《太平清话》载：“黄帝令作蹴鞠之戏，以练武士。”“踏鞠始于轩后，军中练武之剧，以革为圜囊，实以毛发。”西汉学者刘向《别录》称：“蹴鞠者，传言黄帝所作，或曰起国之时。蹋鞠，兵势也，所以练武士，知有材也，皆因嬉戏而讲练之。”

蹴鞠运动早在战国时代即十分盛行。战国时代列国纷争，兼并激烈，征战频繁，有习武练兵作用的古代蹴鞠运动迅速得到普及，这也正是那个时代的一个特点。当时，苏秦到齐国游说连抗秦之事，看到齐都临淄十分繁荣，市民无不奏乐下棋、踢球。故《史记》记载：“临淄甚富而实，其民无不吹竽、鼓瑟、弹琴、击筑、斗鸡、走狗、六博、踏鞠者。”在《战国策·齐策》中，也有同样的记载。

西汉初年，汉高祖刘邦因受其父喜蹴鞠的影响，也成为一个蹴鞠爱好者。刘邦称帝后，特将其父接到长安颐养天年，尊奉为太上皇。谁知，太上皇过不惯宫廷内的寂寞生活，整日愁闷不语，不见笑颜。刘邦了解到太上皇的一番心思，知其父“以平生所好，皆屠贩少年斗鸡、蹴鞠，以此为欢，今皆无此，以故不乐。”为此，刘邦在长安东部仿家乡沛县丰邑（今属江苏省）的模样，建造了住房，起名“新丰城”，使城里街道市井一切依旧，建有蹴鞠场等种种娱乐设施，并将家乡的老邻居以及父亲的球友迁于此，太上皇脸上才绽开笑容，心情也愉快了。战国时期，刘邦的故乡处在楚国境内，其父在青壮年时期与邻里蹴鞠，说明战国时期的蹴鞠，不仅在齐国国都临淄普及，而且在楚国的境内丰邑也有开展。

执子对弈

起源 围棋是我国传统棋艺之一，在我国古代称作“弈”。东汉人许慎所著《说文解字》云:“弈,围棋也,从廾,亦声。”它与我国古代另一种游戏“博”常常并称为“博弈”。围棋比象棋出现得更早,相传起于尧、舜时代,盛于六朝。唐、宋、元、明时期,名手辈出,至清代尤称极盛。

古籍载传围棋起源于尧、舜时代,晋代张华《博物志》记曰:“尧造围棋以教子丹朱;或曰,舜以子商均愚故作围棋以教子。”这些都是传说,因尧、舜时代相当于中国原始社会末期,当时生产力低下,社会分工与人类文化尚处于萌芽状态,在那种历史条件下是不大可能创造出表现较高智慧的围棋来。

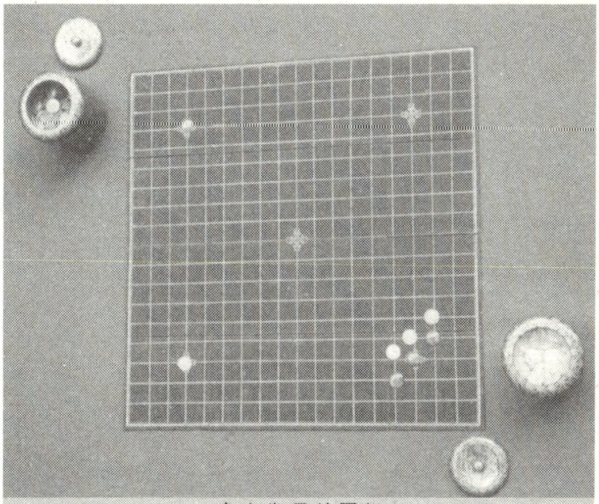
宫中常用的围棋

围棋古称“弈”,起源于西周。历经春秋战国时已发展至成熟阶段。迄今发现的有关围棋的最早文字是《左传》中以围棋来比喻卫国国政的记载,说的是公元前559年的事情,其中云:“卫献公将入国,宁喜许之,大叔闻子曰:‘宁子视君不如弈棋,何以免乎?’弈者举棋不定,不胜其耦,而况置君弗定乎!必不免矣!”。

《左传》把“弈棋”比“视君”,说明“视君”之难,又以“举棋不定”来比喻政治上的优柔寡断。春秋末期,围棋已经在上层社会相当流行了。围棋被视为雅戏,孔子曾说:“饱食终日,无所用心,难矣哉!不有博弈者乎?”他认为,空闲时间下围棋玩玩总比什么都不干要好些。至战国时代,《孟子》中记载了孟子以学弈为喻,教育子弟学习应“专心致志”的事。可见当时弈棋已发展成为一门专门学问。

棋盘棋子 古代的围棋,略不同于今天扁圆形的黑白两种棋子,交替下在方形棋盘纵横各十九道线的三百六十一个交叉点上。在南北朝以前均为十五至十七道线。棋子一般木制圆形,也有用石料磨成的,甚至用犀角、象牙、白玉、碧玉制作,所以颜色并非只黑、白色。如在安徽亳州魏晋墓中出土的一百多枚围棋子,就分翠绿和墨绿两种;北京、石英房元代居住遗址出土围棋子为玛瑙磨制,共发现二百二十二颗,皆两端扁平,其中红色棋子一百二十一颗,另一百零一颗为白色棋子。

棋盘多为木制也有石制。我国目前发现的最早实物用棋盘，是河北望都出土的一号东汉墓中室东南壁下面石围棋局，高十四厘米、宽六十九厘米，该棋局为石质呈正方形，盘下有四足，盘面纵横各十七道线；湖南湘阴唐墓中出土的围棋盘十七道线；新疆吐鲁番唐墓中出土的唐代仕女图中，所绘围棋盘也是十七道线；河南安阳张盛墓出土隋代瓷围棋局，系小型瓷明器，正方形，四角和中央各有一凹服，盘下四足间有类似壶门的装饰。盘面纵横各十九道线。

据宋代程大昌《演繁录》卷十《棋道》曰："今棋十九道，合枰为棋子三百六十一。"案李善注韦昭《博弈论》"枯棋三百"，引邯郸淳《艺经》曰："棋局纵横各十七道，合二百八十九道（格），白黑棋子各一百五十枚。"韦昭和邯郸淳都是三国时人，当时的围棋盘是十七道，故有"枯棋三百"之说。而隋代棋盘已变为十九道，也说明隋继承了两晋南北朝时的传统。

自弈

发展演化　另外，汉代宫廷中的皇帝及王公贵族中不乏围棋爱好者，如汉景帝刘启的儿子、广川王刘去、汉宣帝刘洵等。东汉光武帝刘秀也十分迷于此道，而且精通围棋之理，《后汉记》云："夫弈者之思，尽于一局棋也，圣人之明，周于天下者也。苟一局之势未尝尽同，则天下之事，岂必相袭者。"光武帝深谙其中奥秘，于是整饬吏治，轻徭薄赋，安定百姓。所以在他统治朝政期间，"天下安平，百姓殷富"。为此，桓谭的《新论》一书，阐述当世行事，献于光武帝，其中有以围棋谈兵论事的话："世有围棋之事，或言是兵法之类。上者张置疏远，多得道路而胜，中者务相遮绝，争便求利。下者守边隅，趋卦目，生于小地。"光武帝阅后，赞赏桓谭写得好。看来光武帝是深晓围棋之道的。他的治国用兵之法，虽然不能说是师法围棋，但围棋给以启发，则是可能的。

汉代社会上“天下第一”的棋手是杜陵杜夫子，他厉声驳斥下棋浪费时间之谬论，指出了围棋的奥秘之道：“精其理者，足以大裨圣教。”同时，汉代学者班固、李尤、马融、黄宪等，或作论说，或作铭文，或作诗赋，古代文人大都嗜棋，有诗曰：“有约不来过夜半，闲敲棋子落灯花。”他们极其细致地描述分析了这项活动，班固的《弈旨》至今仍在流传，对其后世也有极大的影响。

三国时期，虽天下大乱，社会动荡，但围棋活动更加盛行，曹操、孙普、陆逊、诸葛瑾均好弈棋。曹操既是军事家，又是文学家，文武双全，具有用兵韬略和高超的围棋技艺，堪与当时的冯翊、王九真、郭凯等棋坛高手匹敌。东吴当时有所谓“八绝”，其中即有“弈绝”。严子卿则被称为“棋圣”。

魏晋南北朝时期是围棋史上一个普及与提高的时期。由于魏晋玄学兴起，文人学士崇尚清谈，追求高雅，弈棋成为代表高人逸士风度的活动之一，弈风更甚，并誉弈棋为“手谈”。所谓“汉魏名贤，高品间出；晋宋盛士，逸思争流”。围棋活动的蓬勃发展，不仅使帝王、官僚、士族、文人大批加入了弈者的队伍，而且各朝帝王均以棋设官，建立了棋品制度。

南朝宋文帝刘义符曾旨意围棋名手褚思庄录制围棋“局图”。他选择官员的第一条件是看棋品如何。一次，文帝与棋品为第三的羊玄保赌郡戏，结果羊玄保胜，遂补宣城太守，后迁任会稽太守、吴郡太守。文帝曰：“入仕官非唯须才，亦须命运，每有好官缺，我未尝不先忆羊玄保。”

宋明帝刘彧还为棋家们设置官署，授以俸禄。他还别出心裁设置围棋州邑，以选拔入仕人才的“九品中正制”为模式，在他指定的围棋州邑，以著名棋手担任大中正、小中正。刘彧本人棋艺不佳，却十分乐意与一品棋手王抗对局。王抗不得不经常让他几步棋，口中却说：“皇帝飞棋，臣抗不能断。”王抗话中有话，宋明帝居然品不出个中味来，独见他下围棋时情绪饱满，好之愈笃。

齐武帝萧赜和梁武帝萧衍不但喜欢围棋，而且举行过全国围棋比赛，并着手进行了三次一定规模的“品棋”等级制。其中天监年间的品棋，“登格者二百七十八人”，足见范围广泛，规模可观。此次联考中，监考柳恽第二名，状元是皇帝本人。其实，他俩人都未参加联考，名列前茅是荣誉性的。棋手中，还出现了八岁儿童棋手陆琼，陆琼的父亲陆云公奉梁武帝之命“校定棋品”，当名手云集，陆琼从旁观看之后，竟能当众复局，议论品评，众人皆惊，称他为“神童”。“品棋”即判断艺术水平的高低，以反映当时棋艺水平等级，通过比赛对有水平的“棋士”授予相应的“品格”，级别的选定类似于曹魏官制中的“九品中正制”，而在这九品棋艺中，一品最高，称为

“入神”，九品最低，称为“守拙”。

梁武帝大力提倡围棋，他本人则琴、棋、书、画，无所不通，尤好弈不倦，且棋登逸品，确为行家，著有《围棋品》一卷，《棋法》一卷，《围棋赋》一卷，《棋评》一卷。他亲自撰写过《棋经》，是我国现存最早的围棋著作。从敦煌石室发现的北周时期的手抄本《棋经》，记载了当时的围棋规则和棋艺。

梁武帝为下围棋，迷恋到误杀无辜的地步，《古今图书集成》一书中记述了梁武帝弈棋的故事。有一位僧人，高行神异，颇受梁武帝敬重，经常传旨命他入宫讲论佛法。一次中使奉旨召之入宫，高僧至，武帝正与人弈棋，棋局正进入高潮，他看准要杀子一段，遂口道：“杀！”中使闻命，不由分说地立即按旨意执行，将僧人拖出斩首。当僧人身首异处时，武帝还全然不知，待棋结束召之僧人上殿时，未料中使回奏：“向者、陛下令杀，已法之矣。”梁武帝下棋经常由夜至旦，在“君子以之游神，先达以之安思”的弈棋境界中，精力旺盛，乐此不疲。

在南北朝齐梁这一时期，在围棋技术上变棋盘十七线为十九线，棋子由二月八十九粒增至为三月六十一，并开始与国外产生发展了棋艺交流关系，据《北周书·异域传》载：百济国曾派遣高手来中原献技。此与相适应，这个时期，棋谱和棋艺著作的编纂，也有了明显的进展，据《隋书》和《旧唐书》经籍志的记载，共有十八种、七十四卷之多。

高峰 唐代是我国古代围棋盛行的第二高峰，武则天供养“棋博士”，玄宗李隆基设“棋待诏”，此与“书待诏”、“画待诏”，同属翰林院。“棋博士”掌教宫人，“棋待诏”备皇帝召用。而且，民间也出现了口讲心记的“盲棋”赛法。以后的北宋和南宋沿袭了这种制度，给围棋发展以极大的刺激和推动作用。

唐太宗李世民喜下围棋，目的在于“怡神静俗氛”，欣赏玩味类似孙吴兵法的谋略变化。《五代史》云：“治国譬如弈棋，胜败在乎置处之得失；国之治乱在乎置人之贤否。”他深有体会，曾咏弈诗云：

治兵期制胜，裂地不要勋。
半死围中断，全生节外分。
雁行非假翼，阵气本无云。
玩此孙吴意，怡神静俗氛。

唐玄宗李隆基也有爱下围棋的雅好，但棋艺不精，还不如杨贵妃下得好，杨基《题明皇与杨贵妃对弈图》诗云：

深院纹揪敌睡魔，
玉环用意蹙双娥。
只因教子藏机密，
不觉三郎失着多。

诗句中的“三郎”即是玄宗，故因是睿宗李旦第三子之称。玄宗棋艺不佳，当他与“棋待诏”对弈时，杨贵妃却总爱在皇帝快输的时候“帮”上一手，一见棋盘上皇帝败势已定，她便唆使怀里的宠狗爬到棋盘上，四爪一阵搅乱，棋子便散乱得一塌糊涂，自然玄宗也长吁一口气，乃转忧为喜。

棋艺交流

金殿

唐初贞观四年(630)，日本第一次“遣唐使”来唐，围棋随之传入日本。《杜阳杂编》记载一则中日古代围棋友谊赛的珍贵资料：唐宣宗李忱在位的大中年间，日本王子前来中国交流棋艺。这位王子在日本棋艺卓越，无与匹敌，他同时还带来日本特产的玉石棋子，并急于与中国最高棋手较量。为此，宣宗命“棋待诏”顾师言与日本王子对弈。顾师言深感肩上担子的份量，但朝中无人比他更具实力，因而在与日本王子对弈中，紧张汗颜，至三十三下，还未能显出优势，此时他意识到自己是代表唐朝廷来参加比赛，所以竭尽全力，殚精竭虑，每一落子绝不马虎从事，经过审度再三，使出了“镇神头”的高招。日本王子瞪目缩臂，终无回天之力，承认自己无法取胜。王子不甘心，转头问唐朝负责宫廷礼仪的鸿胪寺官员：“待诏第几手耶?”鸿胪寺官员诡称：“第三手也。”王子说：“愿见第一。”得到回答是：“王子胜第三，方得见第二，得见第一。今欲躁见第一，其可得乎?”日本王子听后十分惭愧，掩局喟叹曰：“小国之第一，不如大国之第三，信矣!”这则故事说明，当时日本的棋艺已经确有较高的水平了。

以棋喻世 唐代的诗篇中有不少关于棋手及对局的描写，如唐代大诗人白居易在《放言五首之二》中以棋喻世：

世途倚伏都无定，尘纲牵缠卒未休。
祸福回还车转毂，荣枯反复手藏钩。
龟灵未免刳肠患，马失应无折足忧。
不信君看弈棋者，输赢须待局终头。

唐代诗人描写围棋对弈，反映出一种幽静典雅的意境，进一步说明围棋作为传统文化中的瑰宝，自然地更加受到了人们的喜爱，能收到怡情养性之效。梁任昉《述异记》中有这样一个传说：樵夫王质在石桥山观两童子下棋，看得入味，忘了回家；待至回家，斧柄已烂，同时代的人只剩他一人。后人常以“烂柯山”为题咏叹这个故事。

刘禹锡的《观棋歌送儇师西游》诗云：

初疑磊落曙天星，次见博击三秋兵。
雁行布阵众未晓，虎穴得子人皆惊。

围棋成了人们修身养性的一项活动，所谓“乃仙家乐道养性之具”，是“战国诸君子取仙家消磨岁月之物”。同时，人们又认为，“三尺之局兮，为战斗场”，将围棋与古代兵法联系在一起，与古代征伐作战的军事活动存在密切的不可分割的联系统一在一起，从而唐代论著中出现了徐弦的《围棋义例》，详细记载了唐代围棋运子布局及战略战术语的含义。

宋代棋事 宋代围棋活动十分盛行，不仅宫廷官府、文人学士，即使市井民间也不乏弈棋好手，宋代都市中设有“棋园”，并有职业棋手“棋工”，对促进弈棋的普及与发展起了推动作用。宋太宗琴、棋技艺皆造诣极深，而且以御制棋势三图而千古留名。宋太宗的三局棋势为《独飞天鹤》、《对面千里》、《大海出名珠》。前二局收于南宋御书院“棋待诏”李逸民辑录的弈棋专著《忘忧清乐集》，因该书扉页引宋徽宗赵佶御制诗“忘忧清乐在枰棋”语，即以此为书名。该书体例内载文字和技术图谱两部分，并载历代对局谱，如“孙策诏吕范弈棋局面”、“晋武帝诏王五于弈棋局”、“明皇诏郑观音弈棋局面”及开局棋势等图谱。

宋代弈棋理论著述甚丰，刘仲甫之《棋诀四则》与张拟的《棋经》十三篇均是棋史上的名著。

北宋皇帝太宗赵炅、南宋皇帝高宗赵构、孝宗赵眘等都因喜好围棋，故与本朝“棋待诏”即国手们关系十分密切。国手们精于弈棋之道，传授的是纯技术性的法则，所以皇帝们有国手们陪练、嬉戏，水平自然步步升高。谏臣们视皇帝沉迷于弈棋等荒诞行为，理所当然地呈上奏书斥责国手。然而皇帝对递上来的奏书概不受理。太宗接到谏臣递上的奏书，要求流放本朝国手贾玄于南州，奏书谈及贾玄每进新图妙势，悦惑明主，而万机听断，大致壅遏，复恐坐驰睿襟，神气郁滞。太宗看后十分生气，对这篇夸大其词的奏书，答曰：“朕非不知，聊避六宫之惑耳。卿等不须上言。”

雕黄漆寿春图盒

宋孝宗时，国手赵鄂不满足于在内廷供奉，孝宗又是个棋迷，君臣二人关系极好，赵鄂得以官至武功大夫、浙西路钤。宋代官制仅有虚衔并不能管事，必须补实缺方可，于是赵鄂借机请求孝宗补他实缺。皇帝这一关好过，但朝臣廷议未必能通过，所以孝宗只得告诉他：“降旨不妨，恐外庭不肯放行耳。”从上述可以看出，君臣之间关系，以及皇帝迷于围棋到了何等程度。

元代棋事 元代历史上曾出现过围棋高手，如晏天章、严得甫等，他们撰著《玄玄集》收有棋势三百余型，颇有一定参考价值。元代大儒虞集曾这样论述围棋：“有天地方圆之象，有阴阳动静之理，有星辰分布之序，有风雷变化之机，有春秋生杀之权，有山河表里之势，世道之升降，人事之盛衰，莫不寓是。惟达者能守之以仁，行之以义，施之以礼，明之以智。”

围棋流派 明清时期是中国古代围棋出现的第三个发展高峰，这自然与帝王喜好围棋有直接的关系。明成祖朱棣任燕王时，曾与臣下刘璟对弈。刘璟屡战屡胜，令朱棣感到十分难堪。燕王朱棣叹息道：“卿独不少让我耶？”

明宣宗朱瞻基爱棋如痴。一次，皇后生病，宣宗视为大事，竟然亲自前

往请御医来看病。谁知，当他看见御医盛寅正在下围棋时，宣宗不禁兴趣盎然，说道："不要紧，下完罢。"待棋下完之后，宣宗兴致未减，又出题命医生作诗咏弈，他自己还兴致勃勃地和了一首诗，不觉间早已将皇后看病请医的事忘在了脑后。明末崇祯年间，思宗帝朱由检也经常与田贵妃下围棋对弈，以消磨宫中寂寞的生活。

明代社会不少名流也是围棋爱好者，吴承恩即是个围棋迷。他在《西游记》名著中多处描写棋局。他还为刘儿《诸侯将略》作序说："夫兵家之法，犹弈旨医经，而史氏所载，则棋之势，药之方也。药不必执方，而妙于处方者必效；棋下必拘势，而妙于用势者必赢。"

明代还有不少人以棋艺作为进身之阶，当时已出现围棋"冠军"的称号，还逐渐形成各种流派，如"京师派"、"永嘉派"、"新安派"等。不少帝王也以高官厚禄作为弈棋的奖品，从而极大地促进了棋艺的盛行与提高。明初，成祖朱棣在尚未登极之前，即因喜爱弈棋而认识了名棋手相子光。朱棣即位后，常召相子光和楼得达入宫弈棋。有次棋赛前，成祖令人用纸画上冠带官服，以奖赏弈胜者。楼得达几战几胜，得图打开一看，绘的是官服，连忙谢恩，成祖就令吏部给这位棋手封官。另外，明孝宗朱祐樘也效仿，封赏过弈棋国手赵九成为"鸿胪"官职。

清代棋苑盛况　清代围棋运动名手辈出，棋苑盛况空前，黄龙士、徐星友、施襄夏、范西屏的棋艺至今仍为中外人士称道，并由此产生了《弈府阳秋》、《仙机武库》、《弈话》、《二子谱》、《四子谱》等著作。雍正、乾隆朝时，出现了梁魏今、程兰如、范西屏、施襄夏等弈棋"四杰"，施襄夏的《弈理指归》为最著名，但辞义深奥难解。后来，钱长泽重编为《弈理指归图》、范西屏的《桃花泉弈谱》，均成为研究围棋的专著。清代弈棋的成就，为中国近代围棋奠定了基础。

在紫禁城皇宫内廷里，清代帝后王妃们也是热衷于围棋的爱好者。故宫博物院珍藏着《雍正妃画像》十二幅，是我国清代初期肖像画的珍贵作品。雍正是康熙皇帝第四子。《雍正妃画像》十二幅，则绘于胤禛登基之前的藩邸，图中的房帷院宇，据专家考证可能是康熙帝赐给他的一座花园，即康熙帝经常“行幸”的畅春园北面，即后来屡加扩建、闻名中外的圆明园。《雍正妃画像》中有一幅画，描写的是雍正妃斜倚在八仙桌一角，手指中捏着一粒白色棋子，而桌面上画了一角线条清晰的围棋盘，盘角处棋盘线上，放着一粒黑色棋子，另外在棋盘角上还放着一对围棋盒。清宫珍藏品还有玉制围棋盘及各色围棋子，想必是清宫内廷的帝王后妃们的嬉玩之物。

慈禧太后下棋像

清代帝王大多喜爱棋、琴、书、画，以示附庸风雅。康熙帝不但爱以棋会友，还曾以下棋为名，掩护其铲除权臣鳌拜的政治势力，以巩固帝王的皇权。据《啸亭杂录》记载：“国初，鳌拜辅政时，凡一时威福，尽出其门。”鳌拜不把小皇帝放在眼里的恶劣行为，激怒了还仅是个少年天子的康熙帝，随着时间的推移，更使他难以忍受。于是他“以弈棋故，召索相国额图入谋画。数日后，同鳌拜入见日，召诸羽林士卒入，因面问曰：‘汝等皆朕股肱耆旧，然则畏朕欤，抑畏拜也？’众曰：‘独畏皇上。’帝因谕鳌拜诸过恶，立命擒之。”康熙帝为了躲避鳌拜所设监视他行为的耳目，居然召大臣入宫以“弈棋”蒙骗过关，足见康熙帝的聪颖机智和对围棋艺术的特殊钟爱了。

清宫中藏有一套反映乾隆时期，宫中妃嫔生活的组画牙雕《月曼清游图》册。该册共计十二开，分别描绘制作了妃嫔们一年十二个月中的节令活动，其中第二开中绘有六个女子下围棋的场面。

乾隆帝在御题中有这样的诗句：

胭脂匀缀小桃枝，别苑春和二月时。

镜户团圆清书永，楸枰斜倚共敲棋。

古老的围棋在清乾隆年间，无论是上至宫廷皇家，还是下至平民百姓，围棋活动仍是非常兴盛的。但时至清末，随着中国沦为半殖民地社会，国库空虚，白银外流，朝廷礼制尽摧，文化衰落，围棋活动亦一蹶不振。但即便如此，围棋活动仍在皇宫中经久不衰。清宫廷画家绘有《慈禧对弈图》，采用中国传统的工笔重彩描绘，将慈禧的神态、服饰、气质、动作，以写实的手法，描绘得惟妙惟肖。只见慈禧端坐在雕花的绣凳之卜，其侧紫檀木方桌上，摆有精致棋具：木胎朱髹漆棋盒，黑白两色晶莹润泽玉制棋子和棋盘。慈禧身着华丽服装，头带珠宝金银凤簪，佩带翠玉耳环，脚穿满族的花盆底鞋，她面带微笑地用右手中指款款地去拈棋子，充满着满不在乎而又带着不可掩饰的必胜之情。桌子另侧有一位陪弈的太监，高颧骨，尖鼻子，细眼睛，宽嘴巴，很有些李莲英的长相特征，正毕恭毕敬地持棋子侍立。

摔跤之战

起源 我国的摔跤起源甚古，相传创始于黄帝与蚩尤的搏斗。《述异记》云："轩辕之初立也，有蚩尤氏兄弟七十二人，铜头铁额，耳鬓如剑戟，头有角，以角抵人，人不能向。"蚩尤虽作五兵，即"戈、殳、戟、酋矛、夷矛"进行械斗，而且还善于徒手搏斗。所谓头上长角，是指顶着牛头护具，用以抵人、护首。恰如《述异记》又云那样："今冀州有乐，名蚩尤戏，其民二二三三，头戴牛角而相抵。"乃至于这项运动逐渐被后人流传下来，形式虽有所不同，但得到了相当规模的发展。

从周代到清代，摔跤这一运动有过种种名称：角觝、角抵、角力、拍张、相角、相搏、相杈、相攒、相扑、争跤、惯跤、掼跤、撩跤、率角、摔角，等等。"摔跤"是清朝末年才通用的名称。

从西周到春秋战国时代，摔跤已成为重要的练兵手段，或者说是一种军事体育活动。《礼记·月令》云："孟冬之月，天子乃命将帅讲武，习射御角力。"据说，周天子在挑选出征的武士时，除要求身体健壮之外，还要求被选者脱衣扎腰，裸露臂腿，进行徒手的角力比赛。这种通过力量的较量，择优劣汰的方法，刺激和提高竞技能力的提高，推动了摔跤成为社会流行的活动项目，并涌现出不少"角力迷"。

据《春秋谷梁传》载：鲁国的公子季友在战争中活捉了敌手莒拏，却提出要与莒挐相搏，以决胜负。为此，双方摆开了决战的架势，进行一场拼死的角力。鲁公子季友敌不过对手，竟拔出利剑，乘人不备之机，杀死了莒挐。

陕西长安客省庄出土了战国角抵纹透雕铜饰，长十三点八厘米、宽七点一厘米，铜饰出土位于长安客省庄北的第一四十号墓，共两件，出土时压于墓主人腰下两侧，当是腰带上的饰物。两件透雕铜饰尺寸、纹饰基本相同。铜饰正中两个高鼻、深目、长发的角力者，其形象似非汉族。交手二人均赤裸上身，下穿肥大的紧口裤，各以一手臂相互搂住对方腰，而另一只手又搂住对方大腿，姿态逼真。在两个相持不下的角力者身后，各有一匹骏马相向伫立，画面背景是枝叶繁茂生长茁壮的树林。纹饰构图对称均衡，动中有静，极富于装饰欣赏美化之趣味，应是古代北方少数民族摔跤活动的真实记录。

秦汉时期　摔跤逐渐演变为娱乐性的民间体育活动，同时也发展成为宫廷中的比武项目。秦国正式将其定名为“角抵”。所谓“角”，有竞技较量之意；“抵”为徒手顶撞颠扑。秦制定了角抵的比赛方式和规则：在参加对抗的两人之间放一根木棍，两人席地而坐，对手握棍，两腿蹬直；比赛开始后，各人用力向后拉，谁的屁股先离开地面，就算负于对方了。秦朝的角抵除作体育运动外，还具有了戏乐色彩。

表演性的文体技艺项目在秦汉时期也得到了很大发展，有杂技、武术、舞蹈、幻术、角抵，等等，统称“百戏”。百戏之中，角抵常常是最受人们欢迎喜爱的项目之一。秦汉帝王常常举行大规模的角抵戏表演，吸引了成千上万的来客赶来观赏。《汉书·武帝纪》云：“元封三年春，作角抵戏，三百里内皆来观。”其又载：“元封六年夏，京师民观角抵戏于上林平乐馆。”张衡在著名《西京赋》中更是绘声绘色地描绘了角抵戏：“临迥望之广场，程角抵之妙戏。”据说，汉武帝经常在宫中观看“曼衍鱼龙”、角抵之戏，并且在其宫中还用角抵戏招待过外国使臣们。

在出土的秦汉文物上，角抵戏得到了充分的展示。如湖北江陵凤凰山出土的角抵图附之于漆绘木篦上。湖北省江陵凤凰山秦墓出土了漆绘木梳、木篦各一件，梳、篦大小相同，均为长约七厘米、宽约六厘米，上部呈弘形，正反两面均漆绘人物画。

木篦正面是送别场面。背面是相扑场面，只见在帐墓下，二人跨步伸臂相搏，左一人平伸双手。三人均赤裸上身，腰束长带，穿短裤，足蹬翘首鞋。木篦上所表现的角抵情景，和我国史书记载中关于秦代角抵的材料相符，是我国已知最早的角抵形象资料之一。

河南密县打虎亭出土了东汉角抵图壁画，高约二百厘米、宽约八十二厘米。壁画上有两个身躯魁伟的力士，赤膊光腿，头顶束一冲发辫，腰素护腹，着短裤，足蹬黑履，正准备交手相搏。二人皆虎须倒竖，跃跃欲试，正是“引而未发”的紧张时刻，想必一场激烈的拼搏比赛即将开始。

魏晋南北朝 魏晋南北朝时期，中原角抵因受少数民族摔跤的影响，产生了新的摔跤形式“相扑”。根据敦煌石窟的一幅相扑图，比赛双方袒裸上体，短裤赤足，头发梳成直立的双髻，即文献所载“植发如竿”，这不但与汉代角抵的打扮一样，也同今天日本相扑的打扮一样。山西大同市南郊北魏遗址出土一台石砚，高八点五厘米、长二十一点二厘米、宽二十一厘米，其砚面上一角浮雕有角抵形象，二人皆长发，体格壮实，已扭成一团，正处于难解难分的紧要关头。

唐代 唐代，是我国封建文化处于鼎盛时期，不但帝王多喜爱相扑，而且摔跤活动在社会上得到了广泛的开展。并且已经成为宫廷中的一个主要娱乐项目之一。

唐代的摔跤比赛分春、秋两季举行，即每年元月十五日与七月十五中元节为角力之期。《吴兴杂录》云：“唐七月中元节，俗好角力相扑。”当时宫廷中设有专门摔跤选手，有其相扑建制，曰之为“相扑朋”，他们个个身强力壮，技艺愈精，所向无敌，因而又被称为“蒙万赢”。在唐玄宗时，“凡陈诸戏毕，左右军捶大鼓，引壮士裸袒相搏较力，以分胜负”。唐穆宗、敬宗两帝也时常观看两军角抵已度消闲。

据《文献通考·百戏散乐》云：“角抵戏，壮士裸袒相搏而角胜负，每群戏毕，左右军大鼓而引之。”这说明皇帝在消遣娱乐后，将角抵在“群戏毕”后推出，可见角抵戏是最为使人动容、精彩纷呈的节目。在唐朝左右军中亦涌现出不少有名的相扑名手和专门从事角抵、以搏皇帝一乐的大力士。

唐代帝王中不但喜观赏角抵戏，而且有的也是摔跤能手。后唐庄宗李存勖即精于角抵，在未称帝前即常与人手搏；称帝后更是常与臣下较量，并且屡屡获胜之。宗室、武将李存贤勇力过人，非常精通角抵此道。庄宗久闻其名，决心要与他比试高低，但又担心他不拿出真本领来，怕有意地让他，于是对李存贤说道：“与你一搏，如胜，赏尔一郡。”在庄宗的督战下，李存贤使出浑身解数，与庄宗拼搏在一起，最后略胜一筹，将庄宗摔倒在地。庄宗虽然失利，但绝不食言，封李存贤作蔚州刺使。封建皇帝随心所欲地以封官封地作为奖赏，也足见当时摔跤的盛行不衰。

宋代 至宋代，摔跤已成为军民间不可缺少的体育项目，摔跤比赛开始有了比较完整的比赛规则和制度。特别是宋代宫廷更加热心扶持相扑，有专门的拳棒手和相扑手，成立有专业性摔跤队，当时朝廷的摔跤手称“内等子”，均于军队中选拔，属左、右军编制。民间摔跤运动也是风靡一时，有“角抵社”、“相扑社”等组织，经常在集市或庙会上进行表演，民间称之为“瓦市相扑者”，有所谓“露台争交”之赛。

据《梦梁录》载：南宋时临安（今杭州）护国寺，每年举行一至二次规模盛大的比赛，赛时各地选手层层选拔，蜂拥云集，各献其技。优胜者均获旗帐、锦缎、马匹等奖品。比赛期间，人们奔走相告，观看以一睹相扑选手之风采为快，欢呼声、鼓掌声，摄人心魄、震耳欲聋，真是盛极一时，令人奇观不已。

在出土文物中，宋代的摔跤运动也得到了充分的反映。如山西晋城南社出土了宋相扑图壁画，图中共四人，均头戴黑巾，赤膊，下身着三角形短裤，穿靴。中间二人正奋力相搏，左者已弯腰抱住对方左腿，右者则就势搂住对手头部，他的后背上写着“深秋廉暮，落日楼台”八个字。图左侧一人，左手扬起作指点状；右侧一人两手交手腹部，在旁静观。从这幅相扑图中，形象生动地反映了拼搏和观看相扑的场面，在一定程定上反映了当时社会的时尚。

宋代的摔跤运动中，还出现了民间女子相扑，她们纷纷地在城市瓦肆做表演，被社会上称做“女飑”。

清代　清王朝建立之初，就十分重视摔跤即相扑运动，这是因为清王

塞宴四事图·布库

朝为保持剽悍粗犷、英勇善战的特点，时时亲弓矢、习武备，不忘祖宗夺取天下之目的。

顺治初年即设有善射鹄、善强弓、善扑等侍卫，“各有专管，统在三旗（镶黄旗、正黄旗、正白旗）额内，均无定额”。据《啸亭杂录》记载：“定制，选八旗勇士之精练者，为角抵之戏，名善扑营，凡大燕享皆呈其伎。或与外藩部角抵者争较优劣，胜者赐茶赠以旗之。纯皇最善其伎。”相传，在顺治年间，喀尔喀（今尼泊尔）使臣中有一名摔跤能手，战败了清廷好些善战相扑大臣。这时，擅长摔跤能手惠顺亲王祜塞化妆装成“善扑侍卫”，入场与这位藩国使臣搏斗。经过一场激烈的龙虎相争，惠顺亲王终于将这位使臣摔倒在金銮殿之金砖上。顺治皇帝大为高兴，传旨厚加俸禄和赏赐。

清廷“善扑营”的真正建立是在康熙八年。据《清史稿·圣祖本纪一》记载：“上久悉鳌拜专横乱政，特虑其多力难制，乃选侍卫、拜唐阿年少有力者为扑击之戏。是日鳌拜入见，即令侍卫等掊而絷之。于是有善扑营之制，以近臣领之。”

康熙帝智擒奸相鳌拜是皇帝精心设计、独具匠心的一场智斗，行动干净利落，在神不知鬼不觉之中便把权倾朝堂的鳌拜按倒，不动声色地把国家大权夺回自己手中。康熙八岁那年登极当了皇帝，因年幼，顺治帝临死之时任命他最信任的索尼、苏克萨哈、遏必隆、鳌拜四人为辅政大臣，辅佐年幼的康熙，执掌朝政。四大臣在皇帝前信誓旦旦，忠心可嘉。但没过多久，鳌拜就野心复发，专横跋扈，居功自傲，盛气凌人，朝中之文武官员都很怕他。

康熙六年，索尼病故后，苏克萨哈感到难与鳌拜共事，想隐退去守护先帝陵寝，意在逼迫鳌拜交权，这就得罪了鳌拜。从此，鳌拜纠集党羽，给苏克萨哈定罪二十四条，并挥拳强辩，疾声厉色地迫使康熙帝同意，将苏克萨哈处以绞刑。

此后，鳌拜更加猖狂，为所欲为，根本不把皇帝放在眼里，他在朝廷各部门安插亲信，任免官员，置康熙为傀儡地位，甚至在服饰上、质料式样上均与皇帝不相上下，只是帽子上打了个红绒结，而康熙帝戴的则是一顶东珠。一次，鳌拜故意装病不上朝，康熙帝亲自到他家看望。只见鳌拜的寝室炕席上放着一把刀，按宫中规定，臣属面见皇帝身边不许携带任何凶器，否则即以图谋不轨论处。康熙不露声色，佯装不知利害关系敷衍过去，而鳌拜则根本无君臣关系的约束，毫无所谓。这就使康熙帝下了最后决心，为维护皇权至高无上的尊严，一定要除掉鳌拜及鳌拜集团。

康熙召索尼的儿子索额图进宫密谋，以陪伴他玩乐为名，下令在八旗子弟中挑选身体强壮的十四五岁的孩童少年进宫，共计十余人，让他们天天练习表演角斗、摔跤，满人也称之为“布库戏”。当鳌拜进宫奏事，康熙也不回避，混在那些孩子中嬉戏玩耍。这使鳌拜倒很高兴，他希望康熙做个胸无大志、贪玩愚劣的少年天子，所以对康熙毫无戒备之心，继续玩弄他的专权。

康熙八年五月的一天，康熙看到孩童少年们摔跤技能提高很快，便单独宣召鳌拜，待鳌拜满不在乎地跨进宫殿门槛，脚跟还未站稳，就遭到一群训练有素的孩童少年的突袭，把他按倒在地，生擒活捉。

此后，康熙帝对摔跤这项运动十分热心，善扑营便成为专门演习掼跤、射箭、骗马等技艺的军营。特意“掌选勇力之士，各习其艺以供应”。其演习的技艺：“掼跤”，两人相扑为戏，以倾跌其敌手为优，额设善仆人二百名；“射箭”，是以弓力多者为优，额设勇射五十名；“骗马”，以矫健为优，额设骗马五十名。三项技艺共为三百人。同时设有教习二四人，其中善扑教习十六人，勇射教习四人，骗马教习四人，分管训练，届时，为皇帝游玩宴乐时表演。

善扑营设总统大臣，无定员，由都统、前锋统领、护军统领、副都统内特简。总统之下，还设有翼长六人，左翼三人，右翼三人，由总统大臣于本营侍卫教习及外营侍卫章京内拣选引见补放。翼长掌辖营众。另外，还设有协理事务翼长二人，由总统大臣于左右翼翼长内拣派。笔帖式六人，于拜唐阿内拣补，掌章奏文移等事。善扑营额设蓝翎侍卫三人，以优等善扑人充补，也参加演艺。设趟子人八名，管善扑人拉对趟子。又设拜唐阿五十四人，协助笔帖式办理各项事务。

清代朝廷的摔跤组织建制已相当完善，胜过前朝历代。皇帝对跤技出众、仪表非俗、为宫廷夺得荣誉的“布库”能手，都赐予奖励，甚至赐名为“御前布库”等。这也促使善扑营官兵苦练基本功，除集中训练外，还各有一两套秘密绝招，平时不轻易露，只有在皇帝面前再露真功夫，为此赢得皇帝的恩宠和青睐。

清《塞宴四事图》生动地记录了乾隆皇帝在承德避暑山庄大宴群臣时的盛况。所谓“四事”即是筵宴过程中安排表演的四项内容：诈马、什榜、相扑、教駣。整个画面背景深远，气氛紧张热烈，特别使人瞩目的是，画面中心展现在皇帝面前的摔跤比赛场面。据说，清代皇帝中最喜爱观赏摔跤的是乾隆皇帝，他不但精通于摔跤要法，而且能将宫廷摔跤名手的名字叫得出来，对“大五格”、“海秀”等的摔跤名手的情况了如指掌。王公贵族也通晓摔跤，如乾隆皇帝的胞弟就酷喜跤术，臂力过人，被臣民们称为“神力王”，曾有过神力王摔死少数民族名跤手“大芒牛”的传说。

在《塞宴四事图》上，皇帝盘足坐在主位上，后一柱擎盖，状如巨伞。他目不转睛地注视着眼前相扑比赛情景，非常专心投入。侍臣分列左右，中铺地毯，四人穿白衣，分两对在上面摔跤。下方又有白衣四人，跪地举杯，受官员注酒。稍远平地上，有赤膊二人角力，一人已倒地，对方还扭住不放。穿袍戴帽者八人，跪成一行，面前各放一大盘，他们从中抓取食物，张口大嚼，仿佛叱咤有声。

关于塞宴“四事”之一的相扑比赛，清臣于敏中特在图上书写了乾隆皇帝的关于摔跤方面内容的诗及序，其文字扼要如下：“相扑之戏，蒙古所最重，筵宴时必阵之。国朝亦以是练习健士，谓之‘布库’。蒙古语谓之‘布克’。以搏摔仆地决胜负，胜者劳以卮酒。‘厄鲁特’则袒裼而扑，虽蹶不释，必控首屈肩至地乃为胜，彼嘉其壮，赐之羊臛，则拱臂探掬，顾盼呋吞，声若饮歠。”

仕女图

清代文臣赵冀曾著有《瓯北诗集》收录了《相扑》一诗，他因跟随皇帝参加过塞上活动，观看了惊心动魄，扣人心弦的相扑比赛，以其切身体会生动细致地描绘了相扑比赛。其诗云：

由来角觝古所传，
百戏中独近戎务。
技逾蹴毬练脚力，
事毕拔河供玩具。
国家重此有深意，
所以习劳裕平素。
教坊子弟也随行，
经月不陈默相妒。

清代统治阶级十分重视武功，安不忘危，也正是乾隆皇帝提倡“布库”的深远用意，赵翼之诗对相扑深表赞赏，认为比搞其他体育项目如踢球、拔河有助于战备训练。因此，无论宫廷还是民间，都盛行摔跤运动，特别朝廷每逢节日庆典都要举行各种形式的表演竞技比赛。

中国古代有关摔跤的著作留世不多。《汉书·艺文志》、《兵书略》兵记巧类记有《手搏六篇》书名，所谓“手博”，指徒手搏斗，其中当有角力的内容，可惜该书早已亡佚。另外一本古代专叙摔跤活动的著述《角力记》，叙及了从上古到唐末五代一些地区角力的盛况及杰出摔跤手的事迹，如它描述了蜀都亦有集会摔跤的习俗，人们在墓地上摔跤，有时直到夕阳西下才罢手，“或赢者，社出物赏，彩马拥之而去，观者如堵，巷无居人，从正月至五月方罢”。可见民间摔跤运动的热烈盛况。

吸食烟膏

十五世纪中叶，烟草首先在西班牙开始种植。十七世纪，烟草传入我国，开始在福建漳州地区种植，继而遍及大江南北。至明末清初，抽旱烟在我国已相当流行。自康熙以后开始吸闻鼻烟，而尤以乾隆、嘉庆时期最为盛行。

康熙是清代一位较长寿的皇帝，他不饮酒也厌恶吸烟，自有一套养生之道。他对医学有相当的研究，从不信仙道方术之类，在《庭训格言》中曾云：“吾人年岁老而经事多，则自轻易不为人所诱。”康熙总结出养生奥秘，即节饮食，慎起居；戒贪得，重节敛；学六艺，多读书等，其养生之道立意高尚。他最为反对抽烟，要求人们多吃素、戒酒。对人们抽烟，康熙帝说，虽然“幼时在养母家，颇善于吃烟”，后来诏令宫内戒烟，因而自己也“永不用也”。

康熙帝发现本朝有两个大臣，一位叫史贻直，另一位叫陈元龙，手上离不开烟袋，大有嗜烟如命、死而无憾之态。康熙帝看在眼里，记在心上，决心破掉他们两人的规矩，促使他们把烟戒掉。

一次，康熙帝南巡江南，旨意史、陈二人陪驾随行。当行至山东德州暂住时，康熙帝当众赏赐两人各一支水晶杆式工艺精美的烟袋，并谕旨让他二人当众抽烟表演。史、陈二人喜出望外，忙不迭地接过御赐烟袋，受宠若惊地马上装烟点火抽吸起来。

霎时只见透明的烟杆内火星直往上蹿，伴随着噼啪作响之声，而火星到达唇边时，又会发出更加响亮的爆烈声。史、陈两人到此时方才明白了康熙帝的真正用意，是用他俩作为吸烟有害的反面教材，也是对他俩做了一次无声的惩罚。从这以后，史、陈二人再也不敢吸烟了。

康熙帝谕旨对烟“永不用也”后，朝臣们纷纷效尤，戒烟大见成效。康熙帝又下旨全国官吏军民们禁止吸烟，收到了较好的效果。

道光二十年(1840)鸦片战争爆发，五口通商，禁烟运动失败，清廷朝野上下遂吸嗜鸦片成风。鸦片是用罂粟果实中的乳状汁液制成的一种毒品，也叫阿芙蓉，通称大烟，对人体有极大的损害，犹如慢性自杀。鸦片烟不同于上述康熙帝戒烟范畴内的烟，它们之间已有了本质区别。

咸丰帝登极初，亦常吸食。当时宫廷里将此鸦片烟加工制品，取了一个十分好听的名字，曰之为“如意膏”，又曰“紫霞膏”。后洪秀全太平天国起义蓬勃发展，势不可挡，咸丰帝为此日夜忧心，也常以鸦片烟膏自遣消愁。咸丰十年（1860），英法联军侵占北京，咸丰帝携宫眷仓皇逃离皇宫，往热河避暑山庄避难，但他终于挡不住鸦片烟膏的诱惑，更加百无聊赖地沉湎于吸食鸦片烟膏之中。

慈禧自得咸丰帝宠后，常陪侍于帝侧，也就自然地染上了烟瘾。当时咸丰帝所吸的鸦片烟膏，由广东人陆作图制，他家里所制的烟膏不同于别家，其香味不仅浓郁，而且吸食少许即可精神百倍。这是因为陆家有一口井，水湛然清碧，是煮烟炮制的极佳水质。凡以烟求煮者，需银二两，烟成试吸，芬芳酷烈，迥异寻常，使人吸之后不可不吸。慈禧因常年服侍咸丰帝，闻后不免偷偷地试吸，谁知大喜，深陷不可拔也上了烟瘾，后到不可抑制的程度，特赐名曰：“福寿膏。”

慈禧当政后，在宫中总是念念不忘陆家烟膏，抽吸时赞不绝口。陆家的制膏法只有两人能为，一是陆本人，一是陆妻郭梅。李莲英为博慈禧太后欢心，为慈禧出主意，是否可将郭梅密谕入京为她专门炼制烟膏，此意正中慈禧太后下怀。郭梅受旨进京后，慈禧赏予重金，让李莲英主其事，并将郭梅安排在皇城外大阮胡同烧炼烟膏。由于年年日日地炼制，宫中储存的“福寿膏”分别放在坤宁宫、西苑和颐和园三处，供慈禧享用三十年都用不完。

九龙壁

自慈禧吸食上瘾后，太原的守官向慈禧进贡上了太谷烟灯；福州某将军也进上了极为精美、工艺精湛的烟枪两个；还有进献了其他鸦片烟膏制品的。据记载慈禧所用烟枪为广州竹，质粗如儿臂，上安小管，藉通呼吸。当吸烟时，烟枪有架，随灯之高下远近就；太监跪在地上燃膏以进，不敢稍稍欹斜。

光绪末年，清政府也曾多次重申禁烟之令，慈禧也不得不执行并克制所为。后慈禧因年老得病，庆亲王以关心的口吻，劝她开烟禁，以小金盒进献曰："太后为天下臣民主，朝野攸赖，日来慈躬之豫，艰钜益增，今以戒烟致疾，一旦不讳，恐非所以重苍生之寄托也。"慈禧听后勃然大怒，掷其盒于地，重加申饬。

吟诗品茶

乾隆皇帝每年正月初二至十六日，要到重华宫举行茶宴联句、吟诗酬唱一番。重华宫位于紫禁城皇宫内廷西六宫之北，为三层宫殿院落，居中的宫殿名重华宫，前为崇敬殿，后为翠云馆，并各有东西配殿，东临漱芳斋及其戏台，清宫廷统之为重华宫。

乾隆皇帝在重华宫钦点文臣学士能诗者入宴，与宴十八人，寓唐太宗"十八学士登瀛洲"之意；后又增至二十八人，暗合二十八星宿之数。清代沈初《西清笔记》云："新正重华宫联句，先期南书房进绿头签，上列诸臣衔名，军机大臣为一束，上书房为一束，南书房为一束，外廷大学士、尚书、左都御史、侍郎为一束，上命纂四库全书时在馆总纂总校诸臣为一束，候上择定。近常派二十八人。或有奉特派在名签外者。"

品茶图

乾隆帝在乾隆六十年(1795)曾命题谕旨："取政治典章之大者为题。"茶宴联句中除政治、典章内容外，还有以新春雪为题的咏雪、雪象、雪狮等，以及三清茶、爆竹、冰灯、冰床、冰嬉、元宵、春胜、书福等内容命题，以此反映宫廷生活习俗和欢度佳节之情景。

清宫中皇帝召集诸王公大臣作诗联句形式，始于康熙朝。康熙二十一年(1682)正月十四日以海宇荡平，兵革偃息，大宴百官于乾清宫。康熙皇帝兴奋之余，仿汉武帝在柏梁台与诸臣作诗联句，共赋七言诗，每人一句，每句用韵，一句一意，世称之为柏梁体诗。当时赋诗共九十三人。

雍正皇帝也曾命王公大臣及内廷词臣集乾清官赋柏梁体诗。乾隆皇帝将宫中联句视为后世必遵之家法。他在《高宗御制诗余集》旨意道："是以新正仍于此庆岁，命子皇帝及廷臣等依例茶宴联句，预顾而乐之，亦文筵所罕觏，将来世世子孙，即当遵为家法。新正撰吉于此，授简赓吟，万年长如今日，岂非西清佳话，我国家吉祥盛事也。"

嘉庆、道光两帝都为之举行过茶宴联句，但咸丰皇帝及后世皇帝已不再举行。

乾隆皇帝将茶宴联句地址改在重华宫，而且他也不同于康熙、雍正皇帝设酒宴诸臣于乾清宫，而是别出心裁，不设酒馔，以自己配制的"三清茶"款待，并布果饤盒为席。入宴文臣学士与皇帝边饮茶、品尝，边赋诗，咏吟联句，馨香满庭，胜有"重华文宴集群仙"之雅境。

乾隆皇帝在御制《重华宫集廷臣及廷翰林等三清茶联句》中诗云："活水还胜活火烹，三清瓯满啜三清。"所谓"三清茶"，即以松实、梅花、佛手三种烹茶，但并不放茶叶或奶茶。乾隆皇帝在《三清茶诗》中谈及："以雪水沃梅花、松实、佛手啜之名曰'三清'。"并进一步赞道：

梅花色不妖，佛手香且洁，
松实味芳腴，三品殊清绝。

松实，即松果中的籽肉，可以命太监从御苑中之百年古老松树上采集；梅花，即是腊梅，据北京气候恰在新年正月里含苞欲放，可由奉宸苑职掌花圃供奉；佛手，果实鲜黄色，香气浓郁，有理气和胃之功效，为广东南方一带及藩国进贡宫廷的礼品。乾隆皇帝对自制的"三清茶"尤为满意，为使"三清茶"达到色、香、味、形俱佳的效果，特旨命清宫内务府要选择御苑内纯净晶莹的白雪，然后融于茶瓷瓯内，放在竹茶炉上烹茶。

北京故宫博物院珍藏一只方不盈尺，高仅四寸，圆上方下，陶泥为膛，周实以土，编篾作围，工精料贵又古朴素雅的竹茶炉。这只竹茶炉是乾隆皇帝第一次南巡在无锡惠山听松庵见到明代僧人性海所制竹茶炉，又听性海拾松实堕枝和取惠山"天下第二泉"水，烹茶啜茗的逸闻逸事后，即旨命匠人仿制了两只竹茶炉，然后分别置放于清宫内廷和河北蓟县盘山行宫，并仿前人为其御题竹茶炉咏。

乾隆皇帝为使重华宫茶宴联句更加雅趣盎然，旨意内务府将“三清茶”联句诗，书诔摹印在茶瓷瓯上，凡宴毕后，可赏赐文臣学士怀揣高兴而归。

“九九”消寒

冬至，是一年中阳气渐升、阴气渐降的转枢之日，是进入最寒冷的“数九”天气。春秋时代的《管子·幼官》中所列举的二十余个节气内，就把最冷日期定在“大寒至”、“大寒之阴”、“大寒终”的节气内，即包括在“九九”的隆冬季节中。

冬至被明清皇朝列为三大节（另为元旦、万寿）之一，皇帝要亲临天坛举行最庄严、浩大、仪制缜密繁缛的最高级的祭天典礼庆贺活动。他们认为，冬至节是皇帝一年中祭天的最恰到好处的日子。所以《汉书》有云：“冬至阳气起，君道长，故贺；夏至阴气起，君道消，故不贺。”

从十一月始，北京天气十分寒冷，明代百官上朝即允戴暖耳护套。冬至节当天，宫眷内臣皆穿阳生補子蟒衣，室中悬挂“绵羊引子”贴落画。司礼监宦官最为忙碌，他们要组织匠役精心印刷“九九消寒图”应付过冬。此图有九首诗，每首诗四句，自“一九初寒才是冬”起至“日月星辰不住忙”止，皆瞽词俚语之类，非词臣应制所作，也非御制所为，实为民间所传留下来。明正德、嘉靖年间由文士杨慎改定为新诗，诗配图有两三种。但此新诗在民间流传不广，而仅是在宫内由司礼监将诗刷印在“九九消寒图”上，然后分发宫人贴之宫室墙壁上，以乞盼送冬迎春。其中有诗云：

风吹苍震雪痕干，七字凭消九九寒，
无限红罗香屑炭，司官日日献咸安。

明宫的“九九消寒图”，为图纸一张，绘“井”字九格，每格内绘九圈，计八十一圈。自冬至日起，每日由宫眷涂一圈，其方法在圆圈上显示出“上阴、下睛、左风、右雨、雪点当中”的黑白符号，圈涂尽，则九九毕，也就预示着明媚春天来临了。

还有一种消寒图是画素梅一枝，梅朵八十一，作勾圈五瓣梅花形，每九朵花纳入一格，全图横竖均作三格，合共九格，以示九九之数。方法也是与上述同，分别阴、晴、风、雨、雪，视气候每日染一朵，朵尽而九尽，但较涂圆圈法为雅致，染完的素梅不但十分好看，而且望之犹如一幅精心构思、技法独特的梅花图。

杨允孚《杂咏》诗云：“试数窗间九九图，馀寒消尽暖回初，梅花点遍无余白，看到今朝是杏林。”明朝百官在冬至日上朝毕后，互拜礼仪时也以素梅“九九消寒图”相互雅赠之。

清宫的消寒图形式多样，有“管城春满”、“消寒益气歌”、“九九消寒图”等，内容仍是承袭明宫的一些做法，只是除画涂圆圈外，还有填写九字九画的雅趣。

清乾隆帝每岁冬至日御书“管城春满”消寒图，在图上挥笔写下“亭前垂柳珍重待春风”九个字。道光帝御制“管城春满”消寒图也采用“亭前垂柳珍重待春风”九字，每字均为九画，字由懋勤殿翰臣双钩成幅。此图在各宫中悬挂，由内值翰林诸臣，按日用丹朱填廓一笔，每填完一个字便过一九，九个字填完，九九也就过去了。

九月赏菊图

各朝消寒图形式略异，有将“亭前”改至“庭前”亦九笔画。清宫还藏有另一种“管城春满”消寒图，其九字为“春前庭柏风送香盈室”，每笔道内细注当日早晚天气变化及对身体的影响，如每日一画笔道内用蝇头小字写有“终日凉风侵入皮肤如刀刺”、“早阴冷晚晴微风”、“早雪晚霁日”、“巨风透骨寒”、“早大风午晴冷天也”、“白日清风冷午后起寒风尘沙扑面日”、“天朗气清化日和风舒春景”、“二月初二日晴冷北风吹”，在九九的最后一天，“室”字的最后一笔写遭“浪费笔墨今日休风”，十分雅趣。总之九字每笔画细注阴晴风雨雪，皆以笔道中空白成字，工致绝伦，每岁相沿，遂成故事。

明末清初，文人夏仁虎曾作《消寒图》诗云：“亭前垂柳待春风，珍重亲涂一画红。九九图成春已至，宸居真可亮天工。”可以想见，填消寒图时宫眷们的嬉戏愉悦心情，跃然纸上，在不觉之中寒冬已逝，终于迎来春风送暖，柳绿桃红，满城明媚的春光。